公路隧道养护与管理百问

中交瑞通路桥养护科技有限公司
中交第一公路勘察设计研究院有限公司　主编
西安中交一公院瑞通科研试验检测有限公司

人民交通出版社股份有限公司
北京

图书在版编目（CIP）数据

公路隧道养护与管理百问／中交瑞通路桥养护科技有限公司主编．— 北京：人民交通出版社股份有限公司，2023.1

ISBN 978-7-114-18225-9

Ⅰ．①公… Ⅱ．①中… Ⅲ．①公路隧道—公路养护—问题解答　②公路隧道—公路管理—问题解答 Ⅳ．①U459.2-44

中国版本图书馆 CIP 数据核字（2022）第 174449 号

Gonglu Suidao Yanghu yu Guanli Baiwen

公路隧道养护与管理百问

著 作 者：	中交瑞通路桥养护科技有限公司
	中交第一公路勘察设计研究院有限公司
	西安中交一公院瑞通科研试验检测有限公司
责任编辑：	李　瑞
责任校对：	席少楠
责任印制：	张　凯
出版发行：	人民交通出版社股份有限公司
地　　址：	（100011）北京市朝阳区安定门外外馆斜街 3 号
网　　址：	http://www.ccpcl.com.cn
销售电话：	（010）59757973
总 经 销：	人民交通出版社股份有限公司发行部
经　　销：	各地新华书店
印　　刷：	北京虎彩文化传播有限公司
字　　数：	266 千　　开　本：787×1092　1/16　　印　张：13.75
版　　次：	2023 年 1 月　第 1 版
印　　次：	2023 年 5 月　第 2 次印刷
书　　号：	ISBN 978-7-114-18225-9
定　　价：	89.00 元

版权所有·侵权必究

（有印刷、装订质量问题的图书，由本公司负责调换）

本书编审委员会

主　　编：宫成兵　秦　洲

副 主 编：顾博渊　张建龙　田　正　张　杨
　　　　　束景晓　王常青

参编人员：张彦晓　蔺虎平　李曰理　刘燕鹏
　　　　　石开荣　刘宝华　战　昂　李广平
　　　　　李　祥　姜　博　张立东　姚战良
　　　　　秦　刚　王文浩　杨　溢　于远祥
　　　　　肖　乐　赵海平　孙林杰　石艾静

主　　审：李　华（交通运输部公路局原局长）

前　言

据国际隧道与地下空间协会(ITA)统计,我国已是隧道数量最多、建设规模最大、发展速度最快的隧道大国。截至2021年末,全国公路隧道23268处2469.89万延米,其中特长隧道1599处717.08万延米,长隧道6211处1084.43万延米。

随着公路建设的推进,我国公路隧道从建设期逐渐进入运营期,管好、护好如此庞大规模的公路隧道,保障人民群众快捷、安全、舒适、绿色出行是公路隧道养护与管理单位的重要职责。2022年4月,交通运输部印发《"十四五"公路养护管理发展纲要》,明确提出强化桥隧安全运行管理要求。面对我国公路隧道建造条件复杂、特长隧道数量及里程均在不断增加的现实情况,公路隧道养护与管理任务愈发艰巨。

本书编者长期从事公路隧道养护与管理工作,有丰富的实践经验,对当前工作任务要求了解透彻,对养护与管理单位一线技术人员业务总体情况和学习需求、学习特点等了解充分。为帮助大家尽快提升业务水平、掌握公路隧道养护与管理知识、适应当前工作需求,特组织相关技术人员编写本书。

本书分为五部分,分别为基础知识篇、土建养护篇、机电养护篇、运营管理篇和应急管理篇。在写作方式上,通过"问与答",将理论知识与实际案例相结合,以简洁的语言、图文并茂的表述方式,整理形成160个知识点,便于读者快速翻查,或作为工具书随身携带,以帮助广大公路隧道养护与管理技术工作者尽快掌握相关内容。

在本书编写人员的共同努力下,书稿得以付梓。其中,河南省高速公路联网管理中心的张建龙、束景晓,陕西交通控股集团有限公司运营管理分公司的张杨,陕西省公路局的王常青几位同志,承担了书稿主要内容的编写工作。本书的编写得到了众多领导的关心和支持。交通运输部公路局原局长李华对本书进行了全面审查,提出了宝贵意见和建议,在此表示衷心感谢!

限于编者能力,书中或有不妥之处,敬请广大读者批评指正。

编　者
2022 年 6 月

目 录

第1篇 基础知识篇 / 1

1. 什么是隧道？隧道的分类方式有哪些？/ 1
2. 公路隧道设计使用年限如何规定？/ 4
3. 什么是公路隧道建筑限界？/ 5
4. 公路隧道内轮廓净空概念的意义是什么？/ 6
5. 公路隧道哪些部位属于洞口范围？/ 7
6. 洞门有哪些作用？公路隧道洞门形式有哪些？/ 7
7. 什么是明洞？明洞衬砌有哪些具体要求？/ 9
8. 什么是衬砌？主要衬砌形式有哪些？/ 9
9. 公路隧道防排水设施都包含哪些？/ 11
10. 公路隧道的路面包含哪几种类型？对路面基层有什么具体要求？/ 12
11. 关于公路隧道路基有什么具体要求？/ 12
12. 什么是人行横通道和车行横通道？关于人行横通道和车行横通道有哪些规定和要求？/ 13
13. 关于紧急停车带有哪些要求和规定？/ 14
14. 关于电缆沟有哪些规定和要求？/ 15
15. 如何设置纵向排水管、中心排水沟、排水边沟等的检查井？/ 15
16. 公路隧道机电设施如何配置？/ 15
17. 公路隧道监控与通信系统包含哪些子系统？各子系统具体功能有哪些？/ 17
18. 公路隧道供配电设施的主要设备有哪些？适用条件是什么？/ 18
19. 什么是光学长隧道？其划分的意义是什么？/ 19
20. 哪些公路隧道需要设置照明设施？/ 20
21. 公路隧道设置洞外引道照明的作用是什么？哪些情况可以设置？/ 21

22. 公路隧道的照明区段是如何划分的？各段如何进行控制？／23

23. 公路隧道照明灯具的种类及布置形式有哪些？／24

24. 公路隧道通风方式分为哪几类？其特点是什么？／26

25. 哪些公路隧道需要采用机械通风方式？／27

26. 射流风机在公路隧道内的布设有何规定？／28

27. 公路隧道为什么要设置通风斜井、竖井？其设置要求有哪些？／29

28. 公路隧道常见的消防设施有哪些？／29

29. 对公路隧道的消防给水有哪些要求？／30

30. 关于公路隧道消火栓有哪些具体要求？／31

31. 关于公路隧道固定式水成膜泡沫灭火装置有哪些具体要求？／32

32. 关于配变电所和人行横通道的防火门都有什么要求？／33

33. 公路隧道洞口一般设置哪些交通标志牌？其作用是什么？／34

34. 公路隧道内一般设置哪些交通标志？其作用是什么？／35

第2篇　土建养护篇 ／ 38

35. 公路隧道养护等级划分的目的是什么？具体如何划分？／38

36. 公路隧道的抗震设防措施等级如何确定？／39

37. 公路隧道的防护等级和防洪标准是如何规定的？／39

38. 公路隧道的抗震材料要求及措施及抗震设防要求是什么？／40

39. 对比《公路隧道抗震设计规范》(JTG 2232—2019)，早期公路隧道的抗震措施有哪些明显不同？／42

40. 公路隧道日常巡查内容是什么？频率及方法分别有哪些规定？／43

41. 公路隧道土建结构清洁频率有哪些规定？具体要求是哪些？／44

42. 公路隧道土建结构各类检查的要求和目的是什么？／45

43. 公路隧道土建结构经常检查频率是怎样的？方法、内容及判定标准分别是什么？／46

44. 公路隧道土建结构定期检查频率是怎样的？检查方法、内容及评定标准是什么？／49

45. 公路隧道土建结构定期检查报告应包括哪些内容？／52

46. 公路隧道土建结构应急检查的目的、方法、内容是如何规定的？常见病

害类型有哪些？/ 53

47. 公路隧道土建结构专项检查的目的是什么？专项检查的流程是怎样的？/ 53

48. 公路隧道土建结构专项检查的项目及内容是什么？/ 54

49. 公路隧道土建结构常见专项检查项目有哪些？采用的仪器设备及原理是什么？/ 56

50. 隧道结构自动化远程监测系统包括哪些子系统？各子系统的功能是什么？监测仪器的工作原理及方法是什么？/ 64

51. 运营公路隧道结构监测的项目与方法主要有哪些？/ 67

52. 公路隧道土建结构的病害主要有哪些？养护工作中应重点关注哪些问题？/ 69

53. 公路隧道衬砌结构常见的严重缺陷有哪些？/ 71

54. 衬砌裂缝如何分类？通常情况下不同形态裂缝对隧道的影响如何？/ 73

55. 运营公路隧道局部段落衬砌掉块甚至突然性坍塌是如何产生的？/ 73

56. 运营公路隧道哪些因素易导致洞口边仰坡坍塌？/ 75

57. 运营公路隧道洞门墙易产生哪些病害？影响因素有哪些？/ 75

58. 运营公路隧道路面开裂、隆起、错台现象是如何产生的？/ 77

59. 公路隧道预防性养护技术发展情况如何？哪些土建措施属于预防性养护？/ 77

60. 公路隧道维修加固设计需关注哪些问题？/ 78

61. 公路隧道土建工程常见加固技术有哪些？/ 79

62. 公路隧道洞口工程加固有哪些注意事项？可采取哪些措施？/ 79

63. 公路隧道衬砌加固常见方法有哪些？/ 82

64. 关于衬砌渗漏水处治，有哪些经验和方法？/ 85

65. 公路隧道水泥混凝土路面抗滑性能不足的原因有哪些？处治技术有哪些？/ 86

66. 关于混凝土裂缝处治，现行规范有哪些规定？/ 89

67. 公路隧道衬砌上是否必须喷涂防火涂料？/ 89

68. 运营公路隧道轮廓标、标线、立面标记有哪些常见问题？/ 90

69. 运营公路隧道交通标志有哪些常见问题？/ 93

第3篇 机电养护篇 / 98

70. 公路隧道机电设施的养护内容包括哪些？/ 98
71. 公路隧道机电设施管养目标是什么？如何实现管养目标？/ 99
72. 公路隧道机电系统的主要功能有哪些？/ 100
73. 公路隧道运营管理常用的软件有哪些？/ 102
74. 公路隧道综合监控系统应有哪些功能？/ 103
75. 与以往规范相比，现行规范对公路隧道机电设施主要有哪些新规定？/ 104
76. PLC在公路隧道集中控制中的作用主要有哪些？/ 106
77. 公路隧道机电养护管理系统主要功能有哪些？/ 107
78. 公路隧道机电系统联动的作用是什么？具体流程是怎样的？/ 108
79. 现行规范对公路隧道机电设施的清洁维护是如何规定的？/ 109
80. 机电系统中哪些设施的检测结果应尤为重视？/ 110
81. 目前的隧道机电设施检测主要依据哪些规范？/ 111
82. 公路隧道机电设施接地电阻的测量方法及影响因素有哪些？/ 111
83. 公路隧道机电设施接地的重要作用是什么？有哪些相关规定？/ 112
84. 如何利用常见仪器进行UPS蓄电池日常检测？/ 113
85. 柴油发电机的日常检查保养包括哪些方面？/ 114
86. 箱式变电站检测过程中常见的问题有哪些？/ 115
87. 公路隧道照明定期检查的重要性如何？应采取什么措施满足照明要求？/ 116
88. 公路隧道消防系统验收时应对哪些项目进行检查？/ 116
89. 用光时域反射仪进行公路隧道光纤日常检查时有哪些注意事项？/ 117
90. 公路隧道机电系统集中改造时应遵循哪些原则？/ 118
91. 公路隧道机电系统改造有哪些注意事项？/ 119
92. 公路主体构筑物及交安、附属设施的折旧年限大致是多久？/ 121
93. 什么是设备的使用时间？各类机电设备的允许使用年限一般是多久？/ 122
94. 灭火器的报废条件有哪些？报废方式是什么？/ 123
95. 火灾探测报警设施的报废要求有哪些？/ 124
96. 采取哪些措施可以有效降低公路隧道照明能耗？/ 125

97. 公路隧道内凝露会对机电设备造成不良影响,如何防治? / 127

98. 公路隧道电力负荷是如何进行分级的? / 128

99. 公路隧道应急电源有哪些种类?不同种类有哪些具体要求? / 129

100. 一般工况下,公路隧道风机如何控制? / 130

101. 火灾工况下,隧道火灾排烟应遵循哪些原则? / 131

102. 公路隧道风机开启有哪些注意事项? / 132

103. 如何在满足通风要求的前提下实现通风系统节能降耗? / 133

104. 公路隧道消防报审的工作有哪些? / 134

105. 公路隧道火灾自动报警设施有哪些种类?各有哪些特点? 如何应用? / 134

106. 山岭隧道高位水池选址困难时,可采取哪些方法完善水消防系统? / 136

107. 稳高压供水系统在运营期的注意事项有哪些? / 137

108. 寒区公路隧道的消防供水系统保温防冻措施有哪些? / 138

109. 公路隧道内广播系统如何设置?有哪些常见问题?有哪些改进建议? / 139

110. 公路隧道内特殊灯光带的作用是什么?有哪些种类? / 140

第4篇 运营管理篇 / 143

111. 养护与管理单位在接养新建公路隧道过程中应注意哪些事项? / 143

112. 运营公路隧道环境特性有哪些? / 143

113. 运营公路隧道内车辆运行特性有哪些? / 144

114. 运营公路隧道事故特性有哪些? / 144

115. 影响公路隧道交通安全的因素有哪些? / 145

116. 公路隧道安全保护区范围如何规定?关于保护区有哪些具体规定? / 146

117. 《公路安全保护条例》对公路隧道的安全运行有哪些具体规定? / 146

118. 公路隧道运营管理中应该收集哪些数据? / 147

119. 监控中心在公路隧道运营管理中的主要作用有哪些? / 148

120. 在公路隧道进行养护作业时应注意哪些安全问题? / 148

121. 公路隧道段进行交通管制的类型及注意事项有哪些? / 149

122. 公路隧道内常见的报警方式有哪些？／151

123. 隧道段如何发布可变情报信息以更好地提示司乘人员？／151

124. 公路隧道内应急设施如何使用？／153

125. 减少公路隧道内交通事故有哪些有效做法？／157

126. 如何管理好公路隧道水消防系统？／158

127. 培养公路隧道机电系统管理技术人员应注意哪些方面？／159

128. 对社会公众进行公路隧道通行安全知识教育可采取哪些形式？／160

129. 公路隧道风险辨识的原则是什么？公路隧道风险辨识手册编制包括哪些步骤？／160

130. 养护与管理单位公路隧道风险防控制度的动态监控机制如何建立？／161

131. 公路隧道火灾事故有哪些特点？给我们带来哪些启示？／162

132. 养护与管理单位的安全培训通常存在哪些问题？／163

133. 公路隧道安全运营宣传的主要内容有哪些？／164

第5篇 应急管理篇 ／165

134. 公路隧道应急管理的原则有哪些？／165

135. 常见的公路隧道事故包括哪些类型？／166

136. 公路隧道应急抢险机械设备和物资有哪些？／166

137. 公路隧道应急救援人员的安全保护措施有哪些？／168

138. 监控值机员在发现公路隧道内突发事件后应如何操作？／168

139. 公路隧道内发生事故后，信息如何报送？／169

140. 发生突发事件时，公路隧道内紧急广播的播放内容有哪些？／171

141. 供电系统电力中断条件下，如何利用运营商的通信基站进行救援？／172

142. 对公路隧道火灾进行应急处置，有哪些关键注意事项和成熟经验？／172

143. 公路隧道应急管理中，如何提高应对突发事件的能力？／174

144. 公路隧道突发事件应急预案编制主要依据的法律、法规、制度、规范有哪些？／175

145. 公路隧道突发事件应急预案体系由哪几部分组成？／176

146. 公路隧道应急预案的编制可分为哪些步骤？／176

147. 公路隧道应急预案编制的基本要求有哪些？/ 177

148. 公路隧道事故应急预案一般包括哪些核心要素？/ 178

149. 公路隧道应急预案编制应注意哪些问题？/ 179

150. 公路隧道应急预案评审可采取哪些程序？/ 180

151. 应急预案评审要点有哪些？/ 180

152. 法律法规、行业规范对应急演练的频率是如何规定的？/ 180

153. 应急预案管理中需要注意哪些问题？/ 181

154. 开展应急演练的目的是什么？应急演练分为哪几类？/ 182

155. 应急演练的基本流程有哪些？各阶段的主要任务是什么？/ 183

156. 应急演练实施前,应重点做好哪些准备工作？/ 185

157. 应急演练过程中应注意哪些事项？/ 186

158. 应急演练过程归档资料有哪些？/ 186

159. 养护与管理单位的应急管理通常存在哪些问题？/ 186

160. 以火灾事故为例,常规的公路隧道应急演练程序有哪些？/ 188

附录A　隧道日常巡查记录表 / 190

附录B　×××公路隧道应急救援中心应急车辆、器材介绍 / 191

附录C　×××公司突发事件综合应急预案编制提纲 / 194

附录D　公路隧道火灾突发事件专项应急预案编制提纲 / 201

参考文献 / 203

第1篇 基础知识篇

1. 什么是隧道？隧道的分类方式有哪些？

答：隧道通常是指用作地下通道的工程建筑物。1970年，经济合作与发展组织（OECD）隧道会议从技术方面将隧道定义为：以任何方式修建，最终用于地表以下的条形建筑物，其内部空洞净空断面面积在 $2m^2$ 以上者均为隧道。

隧道的分类方式不同，名称也就不同。

(1) 隧道按用途进行分类（这种分类方式是最为常见的一种）。

① **交通隧道**，包括公路隧道（图 1-1）、铁路隧道（图 1-2）、水下隧道、地下铁道（图 1-3）、航运隧道、人行地道（图 1-4）等。

图 1-1　公路隧道

图 1-2　铁路隧道

图 1-3　地下铁道

图 1-4　人行地道

②水工隧道,包括引水隧洞、泄洪隧洞、排沙隧洞等。
③市政隧道,包括污水隧道、管路隧道、线路隧道、人防隧道等。
④矿山隧道,包括运输巷道、通风管道等。

(2)隧道按所处地层条件划分,主要包括石质隧道和土质隧道。

(3)隧道按埋置深度划分,主要包括浅埋隧道和深埋隧道。

(4)隧道按所处的地理位置划分,主要包括山岭隧道、水下隧道、城市隧道。

(5)隧道按断面形式划分,主要包括圆形隧道(图1-5)、马蹄形隧道(图1-6)、矩形隧道(图1-7)、直墙拱形隧道(图1-8)。

图1-5 圆形隧道

图1-6 马蹄形隧道

图1-7 矩形隧道

图1-8 直墙拱形隧道

(6)隧道按国际隧道与地下空间协会(ITA)定义的断面大小划分,主要包括以下几种:

①特大断面隧道:断面面积在100m²以上,如三车道公路隧道(图1-9)。
②大断面隧道:断面面积在50~100m²之间,如两车道公路隧道(图1-10)。
③中等断面隧道:断面面积在10~50m²之间,如单车道公路隧道、车行横通道或辅助导洞隧道。
④小断面隧道:断面面积在3~10m²之间,如人行横通道。
⑤极小断面隧道:断面面积在3m²以下。

(7)隧道按车道数划分,主要包括单车道隧道、双车道隧道、多车道隧道。

图 1-9 三车道公路隧道

图 1-10 两车道公路隧道

(8)隧道按施工方法划分,主要包括以下几种:

①山岭隧道施工方法,主要为矿山法(钻爆法,图 1-11)与掘进机法(图 1-12),其中,绝大部分隧道采用矿山法施工。矿山法又包括传统矿山法与新奥法两种施工方法。我国在 20 世纪 90 年代中期以前修建的山岭公路隧道基本采用传统矿山法施工,之后基本采用新奥法施工。

②浅埋及软土隧道施工,包括明挖法、地下连续墙法、盖挖法、浅埋暗挖法、盾构法等施工方法。

③水下隧道施工方法,主要采用沉管法和盾构法,部分埋深较大、围岩条件良好的隧道也可采用矿山法修建。

图 1-11 矿山法施工

图 1-12 掘进机法施工

(9)按长度划分,具体见表 1-1。

公路隧道长度分类　　　　　　　　　表 1-1

分类	特长隧道	长隧道	中隧道	短隧道
长度 $L(m)$	$L>3000$	$1000<L\leq3000$	$500<L\leq1000$	$L\leq500$

需要注意的是,隧道长度等于分界数值时,将其归为规模较小的一类。

(10)高速公路、一级公路按照布线方式,主要分为分离式隧道(图 1-13)、小净距隧道(图 1-14)、连拱隧道(图 1-15)、分岔隧道(图 1-16)。

图1-13　分离式隧道

图1-14　小净距隧道

图1-15　连拱隧道

图1-16　分岔隧道

2. 公路隧道设计使用年限如何规定？

答：设计使用年限是指设计规定的结构或结构物不需进行大修即可按其预定目标使用的时期。即在正常设计、正常施工、正常使用和维护条件下，公路隧道的主体结构工程不进行大修，可按预期正常使用的时期。

公路隧道设计使用年限是建设工程质量控制的一个关键指标，从国家标准到行业标准，经历了30年左右的时间，指标日趋明确。1985年起实施的《建筑结构设计统一标准》(GBJ 68—1984)，提出结构可靠度的计算基准期为50年；2000年颁布的《建设工程质量管理条例》开始明确要求，在施工图设计文件中注明建设工程合理使用年限。现行的《公路工程技术标准》(JTG B01—2014)第8.0.9条中明确了公路隧道设计使用年限，《公路工程混凝土结构耐久性设计规范》(JTG/T 3310—2019)中细化了这一规定，具体见表1-2。

由表1-2可知，公路隧道因公路等级、长度不同，其路线重要程度、修复难度也不同，因而设计使用年限也不尽相同。总体上，除三级公路短隧道和四级公路长及以下规模隧道的主体结构按50年设计外，其余等级公路隧道主体结构设计使用年限均为100年。隧道内边水沟、电缆沟槽、盖板等构件相对便于更换、修复，其设计使用年限为30年。对于一些特别重要的公路工程混凝土结构，有特殊要求时，也可提高其设计使用年限,如港珠澳大桥海底隧道设计使用年限为120年。

公路隧道设计使用年限表(单位:年) 表 1-2

名称	衬砌、洞门等主体结构				可更换、修复构件(内边水沟、电缆沟槽、盖板等)
类别	特长隧道	长隧道	中隧道	短隧道	特长、长、中、短隧道
高速公路、一级公路、二级公路	100	100	100	100	30
三级公路	100	100	100	50	
四级公路	100	50	50	50	

3. 什么是公路隧道建筑限界?

答:建筑限界在建成隧道内看不到,但却是公路隧道技术标准的主要指标之一,是为保障车辆、行人通行的安全,在隧道内应保持的空间限界。目前来讲,公路隧道建筑限界不仅要提供汽车安全行驶的空间,还要考虑汽车快捷、舒适地行驶以及防灾等因素,因此需要研究各车道与公路设施之间所处的空间关系。隧道内的任何部件(包括通风、照明、消防、监控、指示标和内装等固定设施)均不应侵入隧道建筑限界。公路隧道建筑限界及其置于隧道内轮廓的基本情况见图 1-17 和图 1-18。

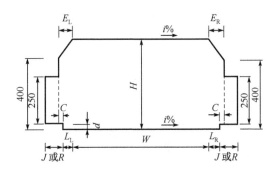

图 1-17 公路隧道建筑限界(尺寸单位:cm)

采用更为直观的数值表述公路隧道建筑限界时,可采用建筑限界基本宽度和净高两个值。其中,建筑限界基本宽度由行车道宽度 W、侧向宽度 L(L_L 和 L_R)、检修道宽度 J(或人行道宽度 R)组成;建筑限界净高即为建筑限界高度 H。通常情况下,设计速度越高,建筑限界基本宽度越大。比如:设计速度为 80km/h 的高速公路隧道建筑限界基本宽度为 10.25m,100km/h 时为 10.75m。建筑限界净高与公路等级密切相关,一条公路的路基、桥梁、隧道等均采用同一净高,高速公路、一级公路、二级公路建筑限界净高一般为 5.0m,三级公路、四级公路建筑限界净高一般为 4.5m。

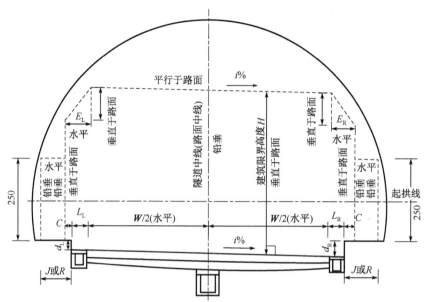

图1-18 公路隧道建筑限界置于隧道内轮廓的基本情况(尺寸单位:cm)

H-建筑限界高度;W-行车道宽度;L_L-左侧向宽度;L_R-右侧向宽度;C-余宽;J-检修道宽度;R-人行道宽度;d_R-右侧检修道或人行道高度;d_L-左侧检修道或人行道高度;E_L-建筑限界左顶角宽度,包含余宽C;E_R-建筑限界右顶角宽度,包含余宽C

4. 公路隧道内轮廓净空概念的意义是什么?

答:公路隧道内轮廓净空是发挥隧道功能的基本保证,需有与公路等级相适应的净空尺寸,除满足隧道建筑限界所需要的空间外,还需满足洞内排水、通风、照明、消防、监控、内装等交通工程及附属设施所需要的空间,并考虑预留一定的富余量。隧道内轮廓线与建筑限界的最小距离要求不小于50mm,如图1-19所示。

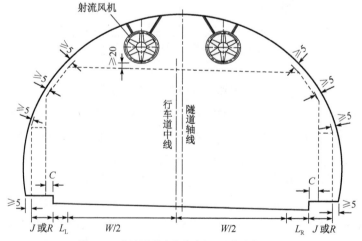

图1-19 公路隧道内轮廓净空(尺寸单位:cm)

5. 公路隧道哪些部位属于洞口范围？

答：公路隧道洞口包括隧道口的明洞段和紧接明洞埋深小于 1～2 倍开挖宽度的段落，如图 1-20 所示。

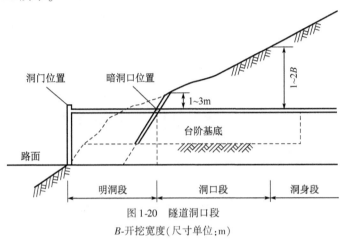

图 1-20　隧道洞口段
B-开挖宽度（尺寸单位：m）

隧道洞口主要包含以下具体工程、设施：
(1) 洞口边坡、仰坡工程。
(2) 洞顶截水、排水设施。
(3) 明洞段及洞口埋深小于 1～2 倍开挖宽度段落内的结构工程。

6. 洞门有哪些作用？公路隧道洞门形式有哪些？

答：洞门是隧道结构的重要组成部分，也是标志隧道的建筑物。隧道洞门的作用是支挡洞口正面仰坡和路堑边坡，拦截仰坡上方小量剥落、掉块，维护边坡、仰坡的稳定，并将坡面汇水引离隧道。

公路隧道的洞门形式主要有墙式洞门和明洞式洞门。端墙式洞门按挡土墙结构设置，一般采用混凝土或浆砌片石修筑，厚度大于 0.5m，通常采用的厚度为 1.0～2.0m。明洞式洞门一般采用钢筋混凝土结构。洞门形式见表 1-3。

洞门形式一览表　　　　　　　　　　　　　　　表 1-3

分类	名称	简　图		说明
墙式洞门	端墙式洞门	正面	侧面	适用于仰坡陡峻、山凹地形、斜交地形的狭窄地带
	翼墙式洞门	正面	侧面	

续上表

分类	名称	简 图	说 明
墙式洞门	台阶式洞门	正面　侧面	适用于仰坡陡峻、山凹地形、斜交地形的狭窄地带
	柱式洞门	正面　侧面	
	拱翼式洞门	正面　侧面	
明洞式洞门	直削式洞门	正面　侧面	适用于地形开阔、边仰坡不高、仰坡较平缓、隧道轴线与地形等高线正交或接近正交的地带
	削竹式洞门	正面　侧面	
	倒削竹式洞门	正面　侧面	
	喇叭式洞门	正面　侧面	

7. 什么是明洞？明洞衬砌有哪些具体要求？

答：采用明挖法修建的隧道称为明洞。明洞一般采用整体式钢筋混凝土衬砌结构，拱背通常有回填土石覆盖（图1-21），也可全部裸露或部分裸露。

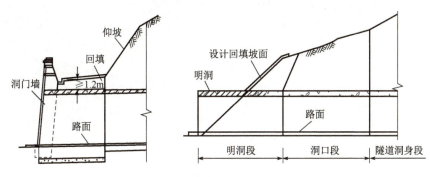

图1-21 明洞回填图

现行规范对明洞衬砌（图1-22）的具体要求如下：

（1）明洞衬砌应采用钢筋混凝土结构。

（2）明洞拱背回填土厚度不宜小于1.2m，填土表面应设置一定的排水坡度。

（3）采用明洞式洞门时，明洞拱背局部裸露部分应设厚度不小于20mm的砂浆层或装饰层，起到防水和美观作用。

图1-22 明洞衬砌

8. 什么是衬砌？主要衬砌形式有哪些？

答：衬砌是为防止围岩变形或坍塌，沿隧道洞身周边用素混凝土、钢筋混凝土等材料修建的永久性支护结构，分为喷锚衬砌（图1-23）、整体式衬砌、复合式衬砌、装配式衬砌（图1-24）等形式。目前，公路隧道主要采用复合式衬砌形式。

其中，喷锚衬砌是一种单层衬砌，主要由锚杆、钢筋网片、喷射混凝土、钢架（图1-25和图1-26）组成，能够在围岩开挖后以较快速度进行支护，有利于限制围岩的松弛变形甚至坍塌，具有及时支护、柔性、紧贴围岩与围岩共同工作的特点。喷锚衬砌施工时利用泵或高压风作动力,把混凝土拌合物通过喷射机、输料管及喷头直接喷射到隧道围岩壁上进行支护,喷射工艺主要包括干喷、湿喷两种。

图 1-23　喷锚衬砌

图 1-24　装配式衬砌

图 1-25　工字钢钢架

图 1-26　格栅钢架

整体式衬砌是被广泛采用的衬砌形式,具有较强的支护能力、防水能力和耐久性。以往整体式衬砌主要用于传统矿山法施工中修建的单层混凝土衬砌结构,其技术成熟,适用于多种围岩条件,因此,在隧道洞口段、浅埋段和软弱围岩段采用整体式衬砌较为稳妥、可靠,其厚度一般不小于30cm。

目前修建的整体式衬砌是一次浇筑成型的混凝土或钢筋混凝土衬砌结构,在隧道支护结构中可单独使用(如明洞衬砌),更多的是作为复合式衬砌中的二次衬砌使用。明洞衬砌、洞口暗洞衬砌以及存在围岩较差、地形偏压、交叉口等段落衬砌一般采用钢筋混凝土结构。

复合式衬砌(图 1-27)是采用新奥法原理设计、施工,分内外两层先后施作的隧道衬砌。在隧道开挖后,先及时施作与围岩密贴的外层柔性支护(一般为喷锚支护),也称初期支护,允许围岩产生一定的变形,而又不会造成松动压力的过度变形。待围岩变形基本稳定以后再施作第二层衬砌(一般为模筑),也称二次衬砌。两层衬砌之间,根据需要可设置防水层和保温层。一些软岩大变形地区的隧道也有采用三层复合式衬砌的工程实例。

第1篇 基础知识篇

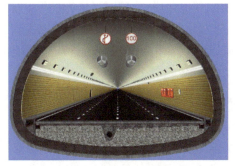 

图 1-27 复合式衬砌(喷锚衬砌 + 整体式衬砌)

目前,我国高速公路、一级公路、二级公路已全部采用复合式衬砌,三级公路也基本采用复合式衬砌,其稳定、防水的结构和衬砌外观均能满足公路隧道使用的基本要求,适用于多种地质条件,技术较为成熟。

装配式衬砌是将若干在工厂或现场预制的构件运入开挖的坑道内,用机械拼装而成,一经装配即可承受围岩压力。装配式衬砌主要应用于盾构隧道,以城市水下隧道为主,公路隧道很少使用。

9. 公路隧道防排水设施都包含哪些?

答:传统矿山法修建的公路隧道一般没有防排水设施,采用新奥法原理修建的公路隧道修建复合式衬砌,防排水可分为防水和排水两部分。

复合式衬砌的防水工程一般采用"三层防水",第一层为初期支护,第二层一般为防水板,第三层防水由二次衬砌混凝土及施工缝、变形缝、沉降缝中设置的止水带、止水条等组成。目前,要求公路隧道模筑混凝土衬砌的抗渗等级不宜小于 P8,在富水、严寒等地区还应适当提高抗渗等级。

排水工程一般包括两类:一类是衬砌背后的环向排水管、边墙墙脚外侧的纵向排水管与路面下方的横向排水管以及中心排水沟(或深埋边沟)组成的排水体系,排除围岩裂隙水;另一类是利用路侧边沟排除渗水、清洗水以及消防水等。衬砌排水系统断面图见图 1-28。衬砌排水系统效果图见图 1-29。

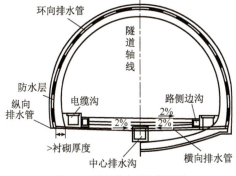 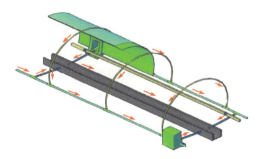

图 1-28 衬砌排水系统断面图　　　　图 1-29 衬砌排水系统效果图

11

实践表明,地下水往往含有丰富的矿物质或其他杂质,公路隧道运行过程中排水系统容易堵塞,新建设计、维修设计时应加强排水系统的可维修性,比如采取纵向排水管、中心水沟设置检查井等措施。同时也要按规范要求定期对排水系统进行疏通,若长期不疏通,水沟内的结晶物质逐渐硬化,会加大疏通难度。

10. 公路隧道的路面包含哪几种类型?对路面基层有什么具体要求?

答:公路隧道路面主要有复合式路面和水泥混凝土路面两种。

已废止的《公路隧道设计规范》(JTG D70—2004)规定:"各级公路隧道可采用水泥混凝土路面。有条件时,可采用沥青混合料上面层与水泥混凝土下面层组成的复合式路面。"较早时期修建的公路隧道,水泥混凝土路面占比较大,特别是长大公路隧道更为普遍。在运营期间,水泥混凝土路面行车舒适性较差,且运行一段时间后往往会出现抗滑性能不足的问题,故近年来基本采用复合式路面。新颁布的《**公路隧道设计规范 第一册 土建工程**》(**JTG 3370.1—2018**)也做了相应调整,规定"高速公路、一级公路隧道宜采用沥青混合料上面层与混凝土下面层组成的复合式路面。其他等级公路隧道可采用复合式路面或水泥混凝土路面"。

地下水对隧道路面基层的影响大,设置水稳性好的刚性基层更为适宜,一般采用强度较高、稳定性好的素混凝土,厚度为150~200mm,抗压强度不低于20MPa或抗弯拉强度不低于1.8MPa,且设置与混凝土面层相对应的横向缩缝。

11. 关于公路隧道路基有什么具体要求?

答:公路隧道路基分为有仰拱(图1-30)和无仰拱(图1-31)两种情况。有仰拱隧道衬砌为封闭结构,受地下水的影响小,只要严格按仰拱填充材料和填充要求施工,路基就可达到较好的稳定性、密实性、匀质性。无仰拱时,天然岩石作隧道路基,受地下水影响大,故除其他物理力学性能要求外,还对地基的水稳性、软化程度提出要求,因此要求把完整性较好,无显著软化的次坚石、坚石等岩石作为天然地基。《公路隧道设计规范 第一册 土建工程》(JTG 3370.1—2018)的具体规定为"不设仰拱的隧道,路基应为稳定的石质地基"。

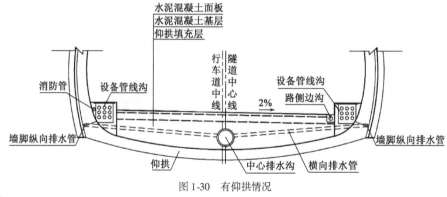

图1-30 有仰拱情况

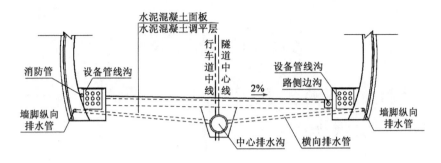

图 1-31 无仰拱情况

12. 什么是人行横通道和车行横通道？关于人行横通道和车行横通道有哪些规定和要求？

答：人行横通道[图 1-32a)]是用于人员疏散的联络通道，在隧道内发生紧急情况时，人员可以利用其逃生到另一个洞内，救援人员能快速到达事故地点；日常工作中也便于隧道养护人员检修和维护。对于人行横通道，有以下具体要求：

(1) 根据相关科研成果，既有利于人员及时逃生又考虑造价因素，人行横通道设置间距一般为 250~350m。

(2) 人行横通道建筑限界基本宽度不得小于 2.0m，净高不得小于 2.5m。

(3) 为保障人员逃生安全，人行横通道应有良好的防排水措施，路面应防滑。

(4) 为了便于人员逃生，人行横通道纵坡大于 20% 时，宜设置踏步台阶，边墙两侧宜设扶手，扶手高度宜为 0.9m。

(5) 人行横通道的两端应设防火门，可帮助克服不利风压；发生火灾时，防火门应易于开启。

(6) 应采用钢制 A 类隔热防火门，防火门在正常情况下应关闭，开启方向应为疏散方向，且应具有自动关闭功能。

(7) 隧道长度小于 3000m 时，防火卷帘耐火极限不应小于 2h；隧道长度不小于 3000m 时，防火卷帘耐火极限不应小于 3h。

车行横通道是车辆疏散的横向联络通道，在隧道内出现交通堵塞时，救援车辆可以通过车行横通道迂回到达事故地点。对于车行横通道有以下具体要求：

(1) 车行横通道设置间距一般为 750~1000m。

(2) 车行横通道建筑限界基本宽度为 4.5m，净高与主洞一致。

(3) 车行横通道的纵坡不宜大于 5%，最大纵坡不应大于 10%。

(4) 车行横通道应设防火卷帘，防火卷帘应具备现场和远程控制开闭功能。

(5) 防火卷帘应采用钢制防火、防烟卷帘，卷帘材料及零部件应环保、耐腐蚀。

(6) 隧道长度小于 3000m 时，耐火极限不应小于 2h；隧道长度不小于 3000m 时，耐火极限不应小于 3h。

a)人行横通道

b)车行横通道

c)横通道透视图

图1-32　隧道人行、车行横通道

13. 关于紧急停车带有哪些要求和规定?

答:紧急停车带设置于长、特长隧道行车方向右侧,其主要功能是停放故障车辆、检修工程车,以及紧急情况下作为救援车辆和救援人员进行紧急救援活动的场地等。紧急停车带的设置间距有以下要求:

(1)单向行车隧道紧急停车带设置间距一般为750m左右。

(2)双向行车隧道紧急停车带两侧交错设置,同一侧间距一般为800～1200m。

当公路隧道长度满足设置要求时,两车道隧道通常设置紧急停车带;三车道隧道结合交通量、交通组成、地质条件等因素确定是否设置,故三车道隧道根据具体情况有的设置紧急停车带,有的未设置;四车道隧道由于断面面积大、施工困难、造价高,且通行条件好,一般不设置。

《公路隧道设计规范》(JTG D70—2004)规定,"紧急停车带长度取40m,有效长度不应小于30m"。近年来,我国长车数量不断增加,为了适应长车停放,《公路隧道设计规范　第一册　土建工程》(JTG 3370.1—2018)规定,"紧急停车带长度不宜小于50m,其中有效长度不应小于40m"。

近年来,我国屡次发生社会车辆无故在紧急停车带违法停放引发交通事故的案例,紧急停车带已成为隧道内的事故高发点,所以需要引起养护与管理人员的高度重视,通过宣传教育、紧急广播劝告等方式,避免社会车辆无故在紧急停车带停放。

14. 关于电缆沟有哪些规定和要求?

答:隧道内电缆沟主要是为了给通信电缆、电力电缆、消防管等布设提供空间,电缆沟通常布置在两侧检修道(人行道)下,通信电缆和电力电缆一般分别置于不同侧的电缆沟内。

电缆沟应根据隧道内电缆、消防管布置需求拟定断面形式和尺寸,应考虑便于电缆、消防管的敷设和维护。一般情况下,主要放置通信电缆的电缆沟尺寸不小于 500mm×500mm;主要放置电力电缆的电缆沟尺寸不宜小于 700mm×600mm;需敷设消防管的电缆沟,尺寸相应加大。

为避免失控车辆撞坏电缆,电缆沟外侧壁须考虑车辆撞击影响,应具有一定的防撞击能力,所以电缆沟外侧壁通常采用钢筋混凝土结构。

15. 如何设置纵向排水管、中心排水沟、排水边沟等的检查井?

答:为了便于对排水系统进行疏通,一般对二次衬砌墙脚处的纵向排水管每间隔 50~100m 设一处检查井;中心排水沟每间隔 100~200m 设一处检查井,并铺设盖板;行车道边缘暗埋的排水边沟每间隔 25~50m 设一处泄水检查井。这样就形成了一个便于检查、疏通、维修的排水系统,确保公路隧道正常运营。图 1-33 为纵向排水管、中心排水沟检查井示意图。

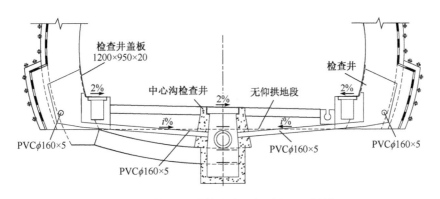

图 1-33　纵向排水管、中心排水沟检查井示意图(尺寸单位:mm)

16. 公路隧道机电设施如何配置?

答:公路隧道机电设施需依据隧道交通工程与附属设施分级进行配置,配置分级主要依据隧道年事故概率来划分。事故概率越大,分级越高;事故概率越小,分级越低。而事故概率计算值又与隧道长度和交通量的乘积呈线性相关,故隧道长度和交通量这两个因素非常关键。此外,相同条件下较大断面的公路隧道能提供相对较高的服务水平,因此隧道断面也是其等级划分的关键因素之一。

综上,公路隧道机电设施的配置分级方法主要根据隧道单洞长度、单洞年平均日交通量和车道数量等因素确定,如图1-34所示。

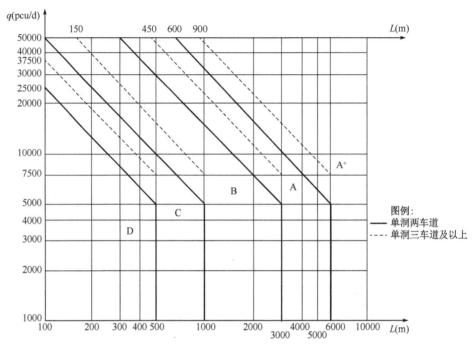

图1-34 隧道交通工程与附属设施分级图
q-隧道单洞年平均日交通量(折合标准小客车);L-隧道单洞长度

隧道机电设施配置等级划分为 A^+、A、B、C、D 五级,等级依次降低。各等级配置情况又因公路等级的不同而有所区分,总体按高速公路、一级公路、二级及以下公路隧道依次降低。表1-4为高速公路隧道交通工程与附属设施配置表,其中:●为必须设,★为应设,■为宜设,▲为可设,—表示不做要求。

高速公路隧道交通工程与附属设施配置表 表1-4

设施名称		各类设施分级				
		A^+	A	B	C	D
通风设施	风机	按通风设计细则规定设置				
	能见度检测器	★	★	■	▲	—
	CO 检测器	★	★	■	▲	—
	NO₂ 检测器	■	■	■	▲	—
	风速风向检测器	★	★	★	▲	—

续上表

设施名称		各类设施分级				
		A+	A	B	C	D
照明设施	灯具	按照明设计细则规定设置				
	亮度检测器	★	★	★	■	—
交通监控设施	车辆检测器	★	★	■	▲	—
	视频事件检测器	★	★	■	▲	—
	摄像机	●	●	★	■	—
	可变信息标志	★	★	▲	▲	—
	可变限速标志	★	★	■	▲	—
	交通信号灯	★	★	★	■	—
	车道指示器	●	●	★	★	▲
	交通区域控制单元	★	★	▲	▲	—
紧急呼叫设施	紧急电话	★	★	★	▲	—
	隧道广播	★	★	★	▲	—
火灾探测报警设施	火灾探测器	●	●	★	▲	—
	手动报警按钮	●	●	●	▲	—
	火灾声光报警器	根据消防设施的配置情况设置				
消防设施与通道	灭火器	●	●	●	●	●
	消火栓	●	●	■	—	—
	固定式水成膜泡沫灭火装置	●	●	■	—	—
中央控制管理设施	计算机设备	★	★	★	▲	—
	显示设备	★	★	★	▲	—
	控制台	★	★	★	▲	—
供配电设施		根据以上用电设施配置情况设置				
接地与防雷设施		根据以上用电设施配置情况设置				
线缆及相关设施		根据以上各类设施配置情况设置				

17. 公路隧道监控与通信系统包含哪些子系统？各子系统具体功能有哪些？

答:公路隧道监控与通信系统一般由中央控制系统、现场总线系统、闭路电视系统、隧道信息采集系统、交通控制系统、照明控制系统、通风控制系统、通信系统等组成。各子系统的具体功能如下：

(1)中央控制系统主要由监控分中心监控计算机系统及辅助设施构成,是隧道监控系统的核心部分。

(2)现场总线系统由现场区域控制站和远程控制站组成,采用具有高可靠性的PLC(可编程逻辑控制器),形成自愈环拓扑结构,监控中心发出的指令传到隧道现场的区域控制站,实现对设备的控制。

(3)闭路电视系统由外场摄像机、视频传输设备、控制设备、显示设备和录像设备组成。正常运行期间,监控人员能够掌握交通信息;在发生意外情况时,能发挥实时监控功能,确认现场状况后发出报警信息,便于采取相应的措施。

(4)隧道信息采集系统主要由交通信息采集系统和环境信息采集系统组成,为系统正常运行提供数据支持。

(5)交通控制系统中的信息发布子系统,主要由交通信号灯、车道控制标志、可变信息标志和可变限速标志等组成,起到交通诱导和控制的作用。有线电话子系统用于监控中心与隧道现场人员的语音交互,广播子系统用于监控中心向隧道现场人员发布指令、提示等信息。

(6)照明控制系统根据隧道信息采集系统采集上传的数据,产生并下发控制策略,对照明设备进行控制。

(7)通风控制系统根据隧道信息采集系统采集上传的数据,产生并下发控制策略,对风机设备进行控制。

(8)通信系统包括传输设备、光缆、隧道现场光纤环网及紧急电话系统等,主要为隧道控制系统提供通信通道,为运营部门提供业务电话,还为与上级通信专网实现数据、图像、语音的互联互通提供通信平台。

18. 公路隧道供配电设施的主要设备有哪些?适用条件是什么?

答: 公路隧道供配电设施主要包含电力变压器、柴油发电机、UPS/EPS及高低压开关柜。

电力变压器的主要作用是变换电压以满足隧道各类机电设备的运行需求。变压器主要分为油式变压器和干式变压器两类。目前大多采用干式变压器。一些经济欠发达地区的隧道和建设较早的隧道采用油式变压器。详见表1-5和图1-35。

变压器性能比较表　　　　　表1-5

序号	项目	干式变压器	油式变压器
1	套管	硅橡胶套管	瓷套管
2	容量和电压	容量多在1600kV·A以下,电压在10kV以下	可以从小到大做到全部容量,电压等级也做到了所有电压
3	绝缘材料	树脂	绝缘油
4	冷却方式	自然风冷却	通过绝缘油在变压器内部的循环进行散热

续上表

序号	项目	干式变压器	油式变压器
5	过载能力	一般只能在额定容量下运行	较好
6	造价	较高	一般

柴油发电机主要供给隧道一级负荷用电设施,同时为 UPS/EPS 充电,供给一级特别重要负荷的用电。公路隧道在出现电路故障、发生临时停电或电力检修等情况时,开启柴油发电机作为备用电源供电。

a) 油式变压器　　　　　b) 干式变压器

图 1-35　油式变压器及干式变压器

UPS(Uninterruptible Power Supply,不间断电源)对负载设备进行电源优化并提供断电后保护,使设备不会因为断电造成数据丢失或者其他事故。

EPS(Emergency Power Supply,应急电源)为用作突发情况下的应急电源,比如应急照明、火灾报警等消防设施的电源。

高低压开关柜用于控制和保护隧道高低压电力系统,广泛布设在隧道变电所箱内,是公路隧道配电系统的主要组成设备。高压开关柜按断路器的安装方式分为固定开关柜和移开式(手车式)开关柜,按柜体结构分为金属封闭间隔式开关柜、金属封闭铠装式开关柜和金属封闭箱式固定开关柜,按断路器手车在安装位置的方式分为落地式开关柜和中置式开关柜,按开关柜内部绝缘介质的不同分为空气绝缘开关柜和 SF_6 气体绝缘开关柜。目前,国内隧道常用的低压开关柜主要有 GCK、GCS、MNS、GGD 等柜型。

19. 什么是光学长隧道? 其划分的意义是什么?

答:光学长隧道是指在洞外距洞口一个停车视距处的道路中心线、离地面 1.5m 高位置不能完全看到出口的曲线隧道。光学长隧道主要是针对中短隧道提出的概念,中短隧道洞内照明受自然光的影响明显,判断隧道是否为光学长隧道,有利于判断是否需要照明或者照明是否可以折减,使照明方案更科学。

光学长隧道(图1-36)一般位于平曲线半径较小的路段。从驾驶员角度来讲,弯度越大弯道内的凝视点越集中,固定时间越长,心理压力则越大,安全性越低。此时在光学长隧道增设适当的照明设施,能够缓解驾驶员的紧张情绪,降低行车风险。非光学长隧道(图1-37)则由于隧道出入口处具有视觉通透性,对驾驶员的影响小,可以不设或少设照明灯具,科学节约能源。

图1-36 光学长隧道

图1-37 非光学长隧道

20. 哪些公路隧道需要设置照明设施?

答:公路隧道照明的目的在于提高行车安全性,避免发生隧道"黑洞效应"(图1-38)和"白洞效应"(图1-39);改善隧道视觉环境,保证驾驶员能对隧道洞内障碍物进行识别等。

图1-38 隧道"黑洞效应"

图1-39 隧道"白洞效应"

公路隧道照明主要是考虑隧道光学条件和人体光学需求。隧道光学条件方面,自然光对长隧道的影响较弱、对短直线隧道的影响较强。当隧道长度较小且位于直线段时,洞内外亮度差异小,在接近段就能看到隧道出口处轮廓,且通过隧道时间较短,安全隐患相对较小。人体光学需求方面,人类视觉有一定的暗适应和明适应的时间需求。当公路等级高、隧道长度较大时,行车速度快、交通量大,隧道"黑洞效应"和"白洞效应"明显,易引发交通事故。而较低等级公路的行车速度相对较慢,车流量相对较小,隧道照明需求相对于高等级公路隧道也较弱。因此隧道照明设施的设置需综合考虑公路等级、隧道长度等因素。

经多年研究实践,《公路隧道设计规范 第二册 交通工程与附属设施》(JTG D70/2—2014)提出了公路隧道设置照明设施的最低要求:

(1)长度 $L > 200\mathrm{m}$ 的高速公路隧道、一级公路隧道应设置照明。

(2)长度 $100\mathrm{m} < L \leq 200\mathrm{m}$ 的高速公路光学长隧道、一级公路光学长隧道应设置照明。

(3)长度 $L > 1000\mathrm{m}$ 的二级公路隧道应设置照明,长度 $500\mathrm{m} < L \leq 1000\mathrm{m}$ 的二级公路隧道宜设置照明。

(4)三级、四级公路隧道应根据实际情况确定。

(5)有行人通行需求的公路隧道,应根据隧道长度和环境条件设置满足行人通行需求的照明设施。

隧道照明设施如图1-40所示。

图1-40 隧道照明设施

21. 公路隧道设置洞外引道照明的作用是什么?哪些情况可以设置?

答:洞外引道照明是在隧道进出洞口外一定范围设置的路灯照明,避免洞内外在雨雾、夜间等能见度低的情况下因亮度反差引起视觉偏差。洞外引道照明能够提供舒适和安全的视觉环境,保障驾驶员能清楚辨识隧道洞外道路的形式、路面的状况、有无障碍物,辨识同时使用该段道路的车辆及其行驶情况和意向,掌握车辆的行驶速度和方向,判断出与车辆之间的距离等。

《公路隧道照明设计细则》(JTG/T D70/2-01—2014)对洞外引道照明设置进行了规定,提出三种可设条件,但未做强制要求。

(1)**隧道外引道曲线半径小于一般值的路段**(图1-41)。此类隧道进出口位于平面半径较小的曲线上,隧道出入口若无路灯,容易造成视觉偏差,导致驾驶员不能全面地观察隧道入口及出口的状况,易引发交通事故。表1-6为不同设计速度对应的曲线半径一般值。

不同设计速度对应的曲线半径一般值　　　　　　表1-6

设计速度(km/h)	120	100	80	60	40	30	20
曲线半径一般值(m)	1000	700	400	200	100	65	30

(2)**隧道设夜间照明且处于无照明路段的洞外引道**(图1-42)。当隧道设夜间照明且处于无照明路段时,容易出现洞内外亮度差异引起的视觉偏差,适当设置引道照明,有利于驾驶员提前察觉隧道状况或洞外道路状况,故周边环境较暗的公路隧道一般都设有洞外路灯。

图1-41　隧道外引道曲线半径小于一般值路段　　　图1-42　设置夜间照明且处于无照明路段

(3)**隧道与桥梁连接处**(图1-43)、**连续隧道间的路段**(图1-44)。桥隧相接处由于隧道洞内与桥梁处的环境温度、湿度、风速、路面状况等方面存在较大差别,易发生团雾、强风、路面结冰等影响行车安全的事件,设置路灯可使驾驶员提前观察前方危险状况;连续隧道间设置路灯,可以避免夜晚行车过程中环境亮度的较大起伏,消除由忽明忽暗引起的视觉疲劳及对隧道间路段环境观察不完善而引起的安全隐患。

图1-43　隧道与桥梁连接路段　　　　　　图1-44　连续隧道间的路段

22. 公路隧道的照明区段是如何划分的？各段如何进行控制？

答：驾驶员在穿越公路隧道时，对光线的明暗需求形成适应曲线。科研人员对该曲线进行了拟合论证，从而形成了公路隧道照明的区段划分。

对于单向交通隧道照明，可划分为入口段照明、过渡段照明、中间段照明、出口段照明、洞外引道照明及洞口接近段减光设施；对于双向交通隧道照明，可划分为入口段照明、过渡段照明、中间段照明、洞外引道照明以及洞口接近段减光设施。其中，入口段分为 TH1 和 TH2 两段，过渡段分为 TR1、TR2、TR3 三段，出口段分为 EX1 和 EX2 两段。这些区段并非一定全设，如隧道过渡段 TR3 的亮度 L_{tr3} 接近或者低于中间段亮度 L_{in} 时，通常取消 TR3 照明。单向和双向交通隧道照明区段构成图分别如图 1-45、图 1-46 所示。

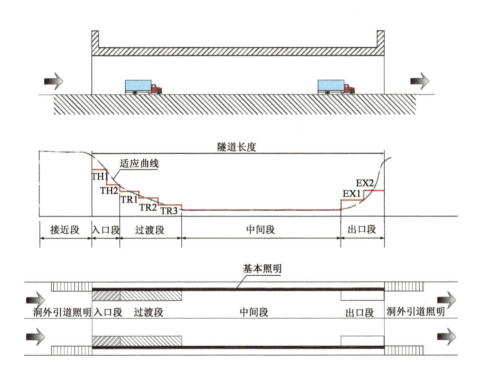

图 1-45　单向交通隧道照明段图

照明各区段灯具可以根据设计文件进行分组或者分级开启，也可按时钟信号或交通流规律进行亮度分级控制。洞内各区段照明亮度设计值具有相关性，如入口段照明亮度设计值降低 50%，后续段落也相应降低 50%，但中间段照明亮度一般保持不变。公路隧道洞外引道照明仅在夜间或雨雾天气开启，一般除应急、养护等工况外，隧道洞外引道照明的开启与洞内加强照明控制相反，即二者一般不同期工作。

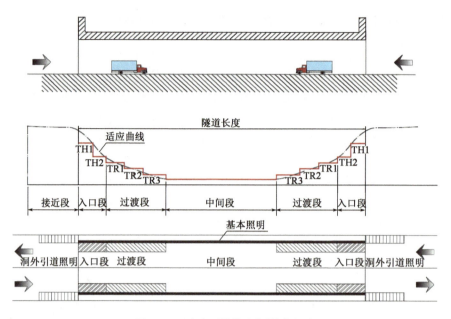

图 1-46 双向交通隧道照明系统分段图

23. 公路隧道照明灯具的种类及布置形式有哪些？

答：目前国内的公路隧道照明灯具中，应用较多的有 LED 灯、高压钠灯、无极灯、荧光灯等几种形式。各类灯具的特点及建议应用场景见表 1-7。常见的几种隧道照明灯具如图 1-47 所示。

各类灯具特点及建议应用场景　　　　　表 1-7

序号	灯具种类	特　点	建议应用场景
1	LED 灯	发光效率高、耗电量少、使用寿命长，安全可靠、发热量低、无热辐射性，能精确控制光型及发光角度，光源体积小，可以随意组合，便于安装和维护	隧道洞内外照明、变电所室内外照明，应用广泛
2	高压钠灯	发光效率高、耗电少、使用寿命长、透雾性强，流明维持率好	隧道洞内外照明
3	无极灯	显色性好、光源无频闪、使用寿命长，部件温度低，灯具设计有更大自由度和光效	隧道洞内外照明
4	荧光灯	显色性能好，照明均匀度好，使用寿命较短	逃生横洞、紧急停车带、变电所室内照明等

第1篇 基础知识篇

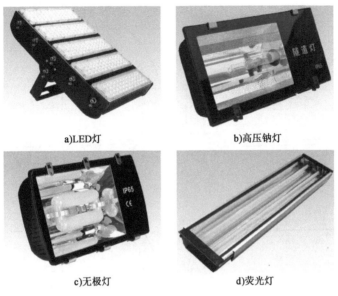

图1-47 常见的几种隧道照明灯具

　　照明灯具的布置多采用中线布置、中线侧偏布置,也可采用两侧交错布置和两侧对称布置等形式。照明灯具的布置形式影响照明系统的效率,中线布置、中线侧偏布置比两侧布置效率高,两侧交错布置比两侧对称布置效率高。常见的照明灯具布置形式如表1-8、图1-48所示。

常见隧道灯具布置形式　　　　　　　　表1-8

序号	布置形式	图　　示
A	中线布置	
B	中线侧偏布置	
C	两侧交错布置	
D	两侧对称布置	

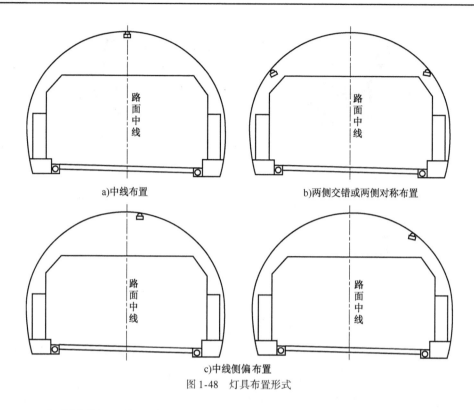

图 1-48　灯具布置形式

24. 公路隧道通风方式分为哪几类？其特点是什么？

答：隧道有很多种通风方式，选择时主要考虑的是隧道长度和交通条件，同时还要考虑气象、环境、地形以及地质等条件。在充分考虑各种因素后，选择既有效又经济的通风方式。公路隧道通风方式分为自然通风和机械通风两大类（图1-49）。

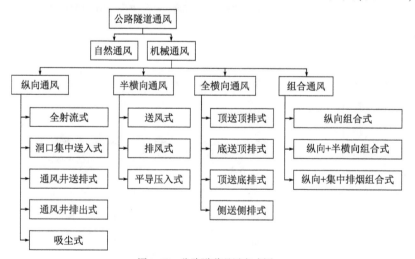

图 1-49　公路隧道通风方式图

自然通风是通过气象因素形成的隧道内空气流动,以及机动车从洞外带入新鲜空气来实现隧道内外空气交换,是大多数中短隧道采用的通风方式。

机械通风是通过风机作用使空气沿着预定路线流动来实现隧道内外空气交换的通风方式。其依据气体流向不同分为**纵向通风、半横向通风、全横向通风、组合通风**四种方式,目前我国隧道运营通风以纵向通风方式及其各种组合为主。

纵向通风主要有全射流式、洞口集中送入式、通风井送排式、通风井排出式、吸尘式等几种类型。纵向通风方式的风流沿隧道纵向流动,能有效利用隧道的交通风,经济性好,是我国应用最广的机械通风方式,缺点是火灾排烟不便。

半横向通风相对于全横向通风而言,该方式选择保留了全横向通风中的送风道或排风道,借助隧道主洞完成空气置换。半横向通风主要有送风式、排风式和平导压入式3类,前两种方式采用隔板、隔墙方式建立独立风道,平导压入式是通过隧道平行导坑给隧道主洞送风的半横向通风方式。该方式便于火灾排烟,但工程造价较高,运营费用也较高。

全横向通风是在隧道主洞两侧或上下同时设置独立的送风道和排风道,多点均布送排风孔,利用轴流风机在两个风道建立正负压空气场,使风流在隧道内横向流动。其主要有顶送顶排式、底送顶排式、顶送底排式、侧送侧排式几类。该通风方式效果最好,能有效排烟,缺点是工程造价和运营费用高。

单向隧道纵向、半横向和全横向通风方式示例见图1-50。

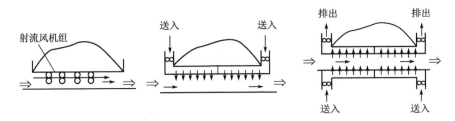

图1-50 单向隧道纵向、半横向和全横向通风方式示例图

组合通风是在纵向式、半横向式、全横向式这三种基本方式基础上的组合通风方案。如当竖井(斜井)送排式或竖井(斜井)单排式通风难以达到洞内风压力平衡时,采用射流风机与之组合,形成竖井(斜井)与射流风机组合通风方式。这种组合方式也是国内长大隧道普遍采用的方式,如秦岭终南山隧道采用3竖井送排与射流风机纵向组合式通风。

25. 哪些公路隧道需要采用机械通风方式?

答: 公路隧道是否设置机械通风系统主要从日常通风换气和火灾防烟、排烟两个方面来确定。本着安全适用和经济合理的原则,通常将通风系统设计为日常运营过程中的通风换气与火灾工况下防烟、排烟的合用系统,其中一个方面满足条件时就需要设置。

(1)日常运营过程中的通风换气。

长度为 $L(m)$ 的隧道,当长度与设计小时交通量 $N(\text{veh/h})$ 的乘积符合以下条件时,可设置机械通风:

①双向交通隧道:
$$L \cdot N \geq 6 \times 10^5$$

②单向交通隧道:
$$L \cdot N \geq 2 \times 10^6$$

(2)火灾工况下的防烟、排烟。

①长度 $L \leq 500m$ 的高速公路和一级公路隧道、长度 $500m < L \leq 1000m$ 的二级公路隧道通常不设置机械防烟与排烟系统。

②长度 $500m < L \leq 1000m$ 的高速公路和一级公路隧道、长度 $1000m < L \leq 2000m$ 的二级公路隧道是否设置机械防烟与排烟系统,与隧道几何条件(长度、纵坡等)、交通条件(交通方式、交通量、交通组成、行车速度等)、有无行人及气象条件等因素有关。如存在路线纵坡较大、交通量大、人车混行、隧址区雨雾天气多发等因素时,宜考虑采用机械防烟与排烟系统。

③长度 $L > 1000m$ 的高速公路和一级公路隧道及长度 $L > 2000m$ 的二、三、四级公路隧道应设置火灾机械防烟与排烟系统。

26. 射流风机在公路隧道内的布设有何规定?

答:射流风机(图 1-51)布设在隧道拱顶位置,一般成组设置,布设具体要求如下。

(1)射流风机在隧道横断面上的布置要求。

射流风机在隧道横断面上的布置应满足以下要求:

①射流风机不应侵入隧道建筑限界,射流风机的边沿与隧道建筑限界的净距一般不小于 20cm。

②通常采用固定式或悬吊式安装。

③同一断面上射流风机设置数量一般为两台,相邻两台射流风机的净距一般不小于 1 倍风机叶轮直径,同一断面上的各射流风机型号应完全相同。

 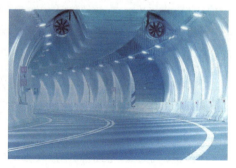

图 1-51 隧道射流风机

（2）射流风机在隧道纵向上的布置要求。

射流风机在隧道纵向上的布置应满足以下要求：

①射流风机的设置位置应结合隧道运营通风需求、火灾排烟、风机配电等综合考虑。

②口径不大于1000mm 的射流风机间距一般小于120m，口径大于1000mm 的射流风机间距一般大于150m。

③长度不大于3000m 的直线隧道，射流风机可布置在两端洞口段；特长隧道的射流风机一般布置在两端洞口段、洞内中部等位置，且不少于3段分布。

④长度大于2000m 的曲线隧道，曲线段通常布置射流风机，曲线段内射流风机的纵向布置距离一般不大于100m。

⑤单向交通隧道采用洞外变电所对洞内射流风机集中供电时，行车入口段第一组风机与洞口的距离宜取100m。

⑥射流风机与其他机电设备不宜相互干扰，风机预埋件宜避开车行横通道、人行横通道、紧急停车带等段落。

27. 公路隧道为什么要设置通风斜井、竖井？其设置要求有哪些？

答：公路隧道的通风斜井、竖井主要是用在通风井送排式、通风井排出式等纵向分段通风方式中。隧道长度增加后，其需风量也相应增加，但隧道的断面是一定的，这就需要更高的风速进行空气置换。过高的风速不利于行车安全，《公路隧道通风设计细则》(JTG/T D70/2-02—2014)要求单向交通的隧道风速最大不得超过12m/s，双向交通的隧道风速最大不得超过8m/s。为避免隧道洞内风速过大影响行车安全，纵向通风的隧道设置通风斜井、竖井后，可实现分段通风以有效降低风速。

在防灾救援方面，过长的排烟里程不利于救援的开展。《公路隧道通风设计细则》(JTG/T D70/2-02—2014)规定，纵向通风隧道排烟里程双向隧道最大不超过3km，单向隧道不超过5km。设置通风斜井或竖井可有效降低排烟里程，解决排烟难题。

对于通风井送排方式通风，单向交通时适用的隧道长度将不受限制，但风井之间或风井与洞口之间的距离不得超过5km，双向交通时不得超过3km。

对于洞口集中送入式通风，送风井设置在隧道进口附近。单向交通时适用于3km左右的隧道，双向交通时适用于1.5km左右的隧道。

对于通风井排出式通风，通风井设置在隧道纵向中间位置附近。单向交通时适用于5km左右的隧道，双向交通时适用于4km左右的隧道。

28. 公路隧道常见的消防设施有哪些？

答：公路隧道常见消防设施有干式灭火装置、湿式灭火装置、气体灭火装置等。

干式灭火装置主要有灭火器、消防沙等。灭火器主要有手提式、推车式、悬挂式等类型，广泛布设在隧道洞内、变电所、机房、监控室等位置。消防沙配有消防沙箱、铁锹，一般布设在紧急停车带处，用于消除流淌火。

湿式灭火装置有消火栓系统、泡沫灭火系统等。消火栓系统终端有消火栓、水枪、消防水带、消防水鹤、卷盘等组成；泡沫灭火系统终端有比例发生器、储液罐、水成膜泡沫液、消防软管、卷盘等组成。两者一般共用消防泵、消防水池、消防管网等给水设施。

气体灭火装置有探火管、柜式七氟丙烷气体灭火装置等，用洁净的七氟丙烷、CO_2等惰性气体就近快速消除电气火灾，主要用在隧道变电所、机房等区域。

近年来，一些养护管理单位还探索在隧道内使用泡沫-水喷雾灭火系统、消防水炮等灭火设施。

29. 对公路隧道的消防给水有哪些要求？

答：《公路隧道设计规范　第二册　交通工程与附属设施》（JTG D70/2—2014）与《消防给水及消火栓系统技术规范》（GB 50974—2014）等规范对公路隧道消防用水量、供水方式、消防给水管道等进行了规定。

（1）消防用水量。

消防用水可采用市政自来水、地下水或者地表水。当采用地表水时，应该有保证枯水期时消防用水的措施。消防用水量按发生一次火灾的灭火用水量确定，如表1-9所示。

公路隧道消防用水量　　　　　表1-9

隧道长度 $L(m)$	隧道内消火栓一次灭火用水量(L/s)	同时使用消火栓数量(支)	火灾延续时间(h)	用水量(m^3)
$L<1000$	15	3	2	108
$1000 \leq L < 3000$	20	4	3	216
$L \geq 3000$	20	4	4	288

注：每支水枪最小流量为5L/s。

（2）供水方式。

隧道消防供水一般有常高压供水和稳高压供水两类。

常高压供水是将消防水池设置在高于隧道的位置，利用水的自重为隧道供水的方式。该方式相对简单、可靠，一般优先采用。稳高压供水是在因地形限制、无条件设置高位水池时，利用加压泵从低位消防水池给隧道供水的方式，相对常高压供水的控制要求较高。稳高压供水系统见图1-52。

无论采用哪种方式，供给隧道消防用水的消防水泵均应采用自灌式引水，并在吸水管上设置检修阀;消防水池的补水时间不宜超过48h;消防水池的容积除应能容纳隧道内一次消防用水量外,还应能容纳隧道内冲洗所需的调节容量;消防水池应有一次消防用水不被其他用途占用的措施;消防水池应设水位遥测装置。

图1-52 稳高压供水系统

(3)消防给水管道。

隧道消防给水管道(图1-53)一般采用内外壁热镀锌钢管、无缝钢管或内外涂塑钢管,并采用沟槽式连接或丝扣、法兰连接。双洞隧道的消防给水应采用环状供水管网,隧道内消防给水管道应设检修阀。设置有固定式水成膜泡沫灭火装置的隧道,在消防给水管道引入隧道前,一般设置管道过滤装置。应设置管道伸缩器及自动排气阀等管道附属设施,寒冷地区消防给水管道及消防水池应采用保温防冻措施,沿海地区公路隧道消防给水管道应有防盐雾腐蚀措施。

图1-53 隧道消防给水管道

30.关于公路隧道消火栓有哪些具体要求?

答:公路隧道消火栓(图1-54)通常安装在消火栓箱内,一般公称通径为 $DN65$,公称工作压力为1.6MPa,强度测验压力为2.4MPa,与消防水带和水枪等器材配套使用,是水消防系统的重要组成部分。设置消火栓需满足《公路隧道设计规范 第二册 交通工程与附属设施》(JTG D70/2—2014)、《消防给水及消火栓系统技术规范》(GB 50974—2014)等相关规范要求。

图1-54 公路隧道消火栓

(1)消火栓应成组安装在消防箱内,消防箱宜固定安装在隧道沿行车方向的右侧壁消防洞室内,单洞双向通行隧道可按单侧布设。

(2)单洞双车道公路隧道消火栓间距不应大于50m,单洞三车道、四车道公路隧道消火栓间距不应大于40m。

(3)消火栓应采用统一型号、规格,隧道内宜选用减压稳压型消火栓。消火栓栓口直径应为65mm,水枪喷嘴口径不应小于19mm,水带长度不应超过30m。

(4)消火栓栓口离地面或操作基面高度宜为1.1m,其出水方向宜与设置消火栓的墙面成90°角,栓口与消防箱内边缘的距离不应影响消防水带的连接。

(5)消火栓的水枪充实水柱长度不应小于10m,以保证消火栓的覆盖半径(25～30m),也可以使救援人员与火源保持一定距离。

(6)消火栓栓口处的出水压力大于0.5MPa时应设置减压设施,防止压力过大造成管道破裂。

(7)当消火栓系统压力由消防水泵直供时,每个消火栓处应设置直接启动消防水泵的按钮。

(8)消防箱门上应注明"消火栓"字样。

31. 关于公路隧道固定式水成膜泡沫灭火装置有哪些具体要求?

答:固定式水成膜泡沫灭火装置由箱体、管线式比例混合器、泡沫喷枪、泡沫液罐、软管卷盘等组成,用于扑灭易燃液体,是一种新型高效固定泡沫灭火装置。固定式水成膜泡沫灭火装置(图1-55)设置需满足《公路隧道设计规范 第二册 交通工程与附属设施》(JTG D70/2—2014)、《消防给水及消火栓系统技术规范》(GB

50974—2014)等相关规范要求。

（1）固定式水成膜泡沫灭火装置宜选用3%型水成膜泡沫液，泡沫罐宜选用不锈钢材质罐体，容积宜为30L。

（2）固定式水成膜泡沫灭火装置中的消防卷盘应选用长度为25m、口径为19mm的胶管；泡沫枪应为带开关的吸气型泡沫枪，口径为9mm。

（3）固定式水成膜泡沫灭火装置的泡沫混合液流量不应小于30L/min，连续供给时间不应小于20min，射程不应小于6m。

（4）固定式水成膜泡沫灭火装置宜与消火栓一同安装于消防洞室内。

（5）固定式水成膜泡沫灭火装置阀门应有明显启闭装置。

（6）泡沫罐上醒目位置应注明泡沫液的有效使用期限。

（7）消防箱门上应注明"泡沫消火栓箱"字样。

图1-55　固定式水成膜泡沫灭火装置

32. 关于配变电所和人行横通道的防火门都有什么要求？

答：依据《防火门》（GB 12955—2008），防火门分为A、B、C三类，其中A类中又分为A3.00、A2.00、A1.50（甲级）、A1.00（乙级）、A0.50（丙级）五类。

《公路隧道设计规范　第二册　交通工程与附属设施》（JTG D70/2—2014）对配变电所防火门的规定：隧道地面配变电所室内门应为乙级防火门，隧道内配变电所的门应为甲级防火门。

对人行横通道防火门规定：人行横通道两端应采用钢质A类隔热防火门（隧道长度小于3000m时，防火门耐火隔热性、耐火完整性不应小于2h；隧道长度不小于3000m时，耐火隔热性、耐火完整性不应小于3h）。防火门在正常情况下应关闭，可平推开启，开启方向应为疏散方向，且应具有自动关闭功能。

隧道配变电所防火门与人行横通道防火门分别见图1-56与图1-57。

图1-56　隧道配变电所防火门　　　　图1-57　人行横通道防火门

33. 公路隧道洞口一般设置哪些交通标志牌？其作用是什么？

答： 洞口标志平面布置见图1-58。公路隧道洞口一般设置的交通标志牌及其作用具体如下：

（1）隧道信息标志（图1-59）。长度大于500m的公路隧道，在距隧道洞口30～250m范围内，一般会设置隧道信息标志，提醒前方有隧道并告知隧道名称、长度等信息，使驾驶员从心理和驾驶行为上为驶入隧道做好准备。

（2）隧道开车灯标志（图1-60）。白天隧道洞内亮度明显低于洞外亮度，在公路隧道洞口前30～250m处，一般设有隧道开车灯标志，用于提醒驾驶员进入隧道前开启车灯，提高隧道洞内环境辨识能力，防止"黑洞效应"，从而提高行车安全性。

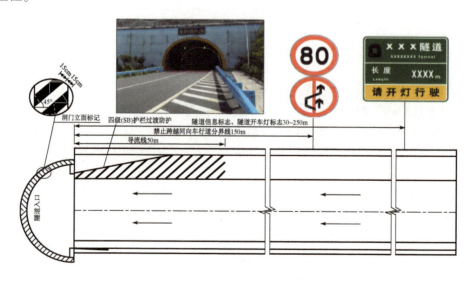

图1-58　洞口标志平面布置图

第1篇 基础知识篇

图 1-59 隧道信息标志

(3)隧道限高、限速标志。根据公路隧道通行条件和路段技术条件,在隧道洞口联络通道前 50～150m,一般会设置限高标志;无联络通道时,在隧道入口前 150m 左右设置。在隧道入口前 100～200m 处,一般会设置限速标志。通常情况下,限高标志和限速标志设置在同处(图 1-61)。

限高标志用于提前告知、提醒大型车辆驾驶员隧道限制高度情况,以便及时采取避让或改道措施,防止车辆剐蹭隧道墙体及风机、车道指示器、灯具等机电设备。限速标志用于向驾驶员传递隧道段的允许车速信息,有利于车辆安全有序地通过隧道。

图 1-60 开车灯标志　　　　　图 1-61 限高、限速标志牌在同处设置

34. 公路隧道内一般设置哪些交通标志?其作用是什么?

答:公路隧道洞内一般设置的交通标志及其作用具体如下:

(1)紧急电话指示标志(图 1-62)。公路隧道内设有紧急电话设施时,需设置紧急电话指示标志,其位置在紧急电话上方,一般采用电光照明,双面显示,用于指示紧急电话的位置。在紧急状况下,隧道内司乘人员可通过紧急电话指示标志及时找到紧急电话,与监控中心取得联系。

(2)消防设备指示标志(图 1-63)。公路隧道内消防设施上部需设置消防设备指

35

示标志,一般采用电光照明,双面显示,用于指示消防设备的位置,在隧道内发生火灾时,便于洞内人员及时找到消防设备,进行前期处置。

图1-62 紧急电话指示标志

图1-63 消防设备指示标志

(3)人行横通道指示标志(图1-64)。公路隧道有人行横通道时,横通道顶部需设置人行横通道指示标志,一般采用电光照明,双面显示,用于指示人行横通道的位置。在紧急状况下,隧道内人员可及时找到人行横通道进行疏散、逃生。

(4)车行横通道指示标志(图1-65)。公路隧道有车行横通道时,横通道洞口右侧需设置车行横通道指示标志,一般采用电光照明,双面显示,用于指示车行横通道的位置。在紧急状况下,隧道内人员、车辆可及时通过车行横通道进行疏散。

图1-64 人行横通道指示标志

图1-65 车行横通道指示标志

(5)疏散指示标志(图1-66)。长度大于500m的公路隧道内需在两侧边墙上设置疏散指示标志,一般采用电光照明,用于指示该点与洞口、横通道的距离。

(6)隧道出口距离预告标志(图1-67)。特长隧道需设置隧道出口距离预告标志,从距离隧道出口2000m处开始,每500m设置一块,直到出口。其设置在隧道紧急停车带迎车方向端部壁上,一般采用反光标志,用于向司乘人员提示隧道出口的距离,缓解司乘人员在特长隧道内长时间行车的焦虑情绪。

图 1-66 疏散指示标志

图 1-67 隧道出口距离预告标志

（7）紧急停车带指示标志（图 1-68）。公路隧道有紧急停车带时，会在紧急停车带入口前 5m 左右设置紧急停车带标志，一般采用电光照明，双面显示，用于向司乘人员指示紧急停车带的位置。

（8）紧急停车带位置提示标志（图 1-69）。公路隧道有紧急停车带时，会设置紧急停车带位置提示标志，其位于紧急停车带侧壁上，一般采用反光标志，可以为司乘人员提供紧急停车带的位置序号和救援电话等信息。

图 1-68 紧急停车带指示标志

图 1-69 紧急停车带位置提示标志

第2篇 土建养护篇

35. 公路隧道养护等级划分的目的是什么？具体如何划分？

答：《公路隧道养护技术规范》(JTG H12—2015)中要求进行公路隧道养护等级划分，主要目的是考虑不同公路隧道由于公路等级、交通量、隧道长度等不同，养护需求是不同的，那么养护资源配置也应有所区别，要求重视交通量大的长大隧道养护的人员和资金配置。在具体工作中，资源配置的区别主要表现在各类日常养护工作频率的不同，比如清洁维护、日常巡查、经常检查(修)等。养护等级高的公路隧道日常养护工作难度相对较大，要求的频率也高，养护需要的人员和费用自然增加，这与交通运输部制定的《公路长大桥隧养护管理和安全运行若干规定》中要求保障长大桥隧养护资金，以及《国家公路网重点桥梁和隧道监测评价规程》中，要求"特长、特殊结构、特别重要隧道需要以单座隧道为单位，按养护类别安排专项资金"，在理念上是一致的。《公路隧道养护技术规范》(JTG H12—2015)中关于公路隧道养护等级的划分见表2-1、表2-2。

高速公路、一级公路隧道养护等级分级　　　　表2-1

单车道年平均日交通量 [pcu/(d·ln)]	隧道长度(m)			
	L>3000	1000<L≤3000	500<L≤1000	L≤500
≥10001	一级	一级	一级	二级
5001~10000	一级	一级	二级	二级
≤5000	一级	二级	二级	三级

二级及以下公路隧道养护等级分级　　　　表2-2

年平均日交通量 (pcu/d)	隧道长度(m)			
	L>3000	1000<L≤3000	1000≥L>500	L≤500
≥10001	一级	二级	二级	三级
5001~10000	二级	二级	三级	三级
≤5000	二级	三级	三级	三级

36. 公路隧道的抗震设防措施等级如何确定？

答：依据《公路隧道抗震设计规范》（JTG 2232—2019），要确定公路隧道的抗震设防措施等级，需要先根据公路等级及隧道重要性确定抗震设防分类，具体分类见表2-3。对经济、国防具有重要意义，或有利于抗震救灾、确保生命线畅通的隧道，可以适当提高抗震设防类别。

公路隧道抗震设防分类　　　　　　　　　　　表2-3

抗震设防类别	适 用 范 围
A	穿越江、河、湖、海等水域,技术复杂,修复困难的水下隧道
B	1. 高速公路、一级公路隧道。 2. 三车道、四车道隧道。 3. 连拱隧道、明洞和棚洞。 4. 地下风机房
C	1. 二级、三级公路隧道。 2. 通风斜井、竖井及风道、平行导洞
D	1. 四级公路隧道。 2. 附属洞室

各类公路隧道的抗震设防措施等级依据抗震设防类别和隧址区地震基本烈度确定，具体见表2-4。

各类公路隧道的抗震设防措施等级　　　　　　表2-4

抗震设防类别	地震基本烈度					
	Ⅵ	Ⅶ		Ⅷ		Ⅸ
	$0.05g$	$0.10g$	$0.15g$	$0.20g$	$0.30g$	$0.4g$
A	二级	三级		四级		更高,专门研究
B			三级		四级	
C、D	一级	二级		三级		四级

37. 公路隧道的防护等级和防洪标准是如何规定的？

答：依据《防洪标准》（GB 50201—2014）规定，公路的各类建筑物、构筑物应根据公路的功能和相应的交通量分为四个防护等级，其中，公路隧道防护等级和防洪标准应按表2-5确定。

公路隧道的防护等级和防洪标准　　　　　表 2-5

防护等级	公路等级	分等指标	防洪标准[重现期(年)]		
			隧道		
			特长隧道	长隧道	中、短隧道
Ⅰ	高速	专供汽车分向、分车道行驶并应全部控制出入的多车道公路,年平均日交通量为 25000～100000 辆	100	100	100
	一级	供汽车分向、分车道行驶,并可根据需要控制出入的多车道公路,年平均日交通量为 15000～55000 辆			
Ⅱ	二级	供汽车行驶的双车道公路,年平均日交通量为 5000～15000 辆	100	50	50
Ⅲ	三级	供汽车行驶的双车道公路,年平均日交通量为 2000～6000 辆	50	50	25
Ⅳ	四级	供汽车行驶的双车道或单车道公路,双车道年平均日交通量为 2000 辆以下,单车道年平均日交通量为 400 辆以下	50	25	25

注:年平均日交通量是指将各种汽车折合成小客车后的交通量。

38. 公路隧道的抗震材料要求及措施及抗震设防要求是什么?

答:依据《公路隧道抗震设计规范》(JTG 2232—2019)相关要求,公路隧道不同工程部位材料品种、规格及使用性能,应符合国家、行业相关标准的规定,并应满足抗震设计和耐久性要求,要采取必要的构造措施增强公路隧道结构的抗震性能。

(1)抗震材料要求(表 2-6～表 2-9)。

山岭隧道洞门端墙材料种类及强度等级　　　　　表 2-6

工程部位	抗震设防类别	抗震设防措施等级		
		二级	三级	四级
洞门端墙	A	混凝土 C20	钢筋混凝土 C20	钢筋混凝土 C20
	B		混凝土 C20	
	C			混凝土 C20
	D	片石混凝土 C15	混凝土 C15	
洞口挡土墙或翼墙	$H \leqslant 10m$	混凝土 C15	混凝土 C20	混凝土 C20
	$H > 10m$	混凝土 C20		钢筋混凝土 C25

注:表中 H 为挡土墙或翼墙高度。

山岭隧道明洞衬砌材料种类及强度等级　　　　表2-7

工程项目		抗震设防措施等级		
		二级	三级	四级
拱形明洞	拱圈	钢筋混凝土C25	钢筋混凝土C30	钢筋混凝土C35
	单压明洞外墙	混凝土C20	混凝土C30	
棚洞	顶梁	钢筋混凝土C25		钢筋混凝土C30
	外支承结构	混凝土C25	钢筋混凝土C25	
	内侧锚杆式边墙			
	衡重式边墙	混凝土C20		钢筋混凝土C25

两车道山岭隧道衬砌材料种类及强度等级　　　　表2-8

抗震设防类别	围岩级别	抗震设防措施等级		
		二级	三级	四级
A	Ⅲ	钢筋混凝土C30	钢筋混凝土C30	钢筋混凝土C35
	Ⅳ			
	Ⅴ、Ⅵ			
B	Ⅲ	混凝土C25	混凝土C30	钢筋混凝土C30
	Ⅳ		钢筋混凝土C30	
	Ⅴ、Ⅵ	钢筋混凝土C25		
C	Ⅲ	混凝土C25	混凝土C30	混凝土C30
	Ⅳ			钢筋混凝土C30
	Ⅴ、Ⅵ	钢筋混凝土C25	钢筋混凝土C30	
D	Ⅲ	混凝土C25		混凝土C25
	Ⅳ			钢筋混凝土C25
	Ⅴ、Ⅵ	钢筋混凝土C25		

三车道及以上山岭隧道衬砌材料种类及强度等级　　　　表2-9

抗震设防类别	围岩级别	抗震设防措施等级		
		二级	三级	四级
A	Ⅲ	钢筋混凝土C30	钢筋混凝土C35	钢筋混凝土C40
	Ⅳ			
	Ⅴ、Ⅵ			
B	Ⅲ	混凝土C25	混凝土C30	钢筋混凝土C35
	Ⅳ		钢筋混凝土C30	
	Ⅴ、Ⅵ	钢筋混凝土C25		

注：1.浅埋隧道均应采用钢筋混凝土。
　　2.抗震设防措施等级为四级的三车道及以上跨度隧道衬砌材料宜添加纤维材料。

（2）抗震措施。

①明洞式洞门。

A.控制回填仰坡坡率。当隧道抗震设防措施等级为二级时，仰坡坡率不宜大于1∶1.25；当隧道抗震设防措施等级为二级以上时，仰坡坡率不宜大于1∶1.5。

B.明洞边墙两侧采用浆砌片石、片石混凝土或素混凝土回填。当隧道抗震设防措施等级为三、四级时，两侧回填高度不宜小于7m。

C.合理选用明洞洞顶上方回填材料。

②墙式洞门。

A.洞门墙墙身最小厚度不应小于0.8m，墙顶应高出墙背回填面不小于1.0m。

B.洞门墙与衬砌采用钢筋连接，连接钢筋直径宜与衬砌主筋相同。当隧道抗震设防措施等级为二级时，连接钢筋环向布置间距应不大于25cm；当隧道抗震设防措施等级为三级时，连接钢筋环向布置间距应不大于20cm；当隧道抗震设防措施等级为四级时，连接钢筋环向布置间距应不大于15cm。

C.对于岩石地基，洞门墙基础嵌固深度应不小于0.5m；对于土质地基，嵌固深度应不小于1.2m。

（3）抗震设防要求。

公路隧道洞口浅埋段抗震设防长度宜取埋深小于50m的衬砌结构段长度，抗震设防范围内应采用复合式衬砌，其中二次衬砌采用的建筑材料依据车道数区分后应满足表2-8、表2-9的相关要求。

39.对比《公路隧道抗震设计规范》（JTG 2232—2019），早期公路隧道的抗震措施有哪些明显不同？

答：《公路隧道抗震设计规范》（JTG 2232—2019）对公路隧道抗震措施要求更高、更明确，与之相比，早期修建的公路隧道情况有明显差异，具体如下：

（1）《公路隧道抗震设计规范》（JTG 2232—2019）规定：抗震设防类别为B、C类的山岭公路隧道，其抗震设防措施等级为二级及以上时，要求隧道洞门端墙的材料强度等级应不低于C20混凝土。早期修建的公路隧道部分洞门墙采用浆砌片（块）石、片石混凝土修筑。

（2）《公路隧道抗震设计规范》（JTG 2232—2019）规定：当端墙底为岩石地基时，洞门墙基础嵌固深度应不小于0.5m；当墙底为土质地基时，嵌固深度应不小于1.2m。早期修建的公路隧道对洞门墙嵌固深度要求一般为，硬质岩层嵌固深度不小于0.3m，软岩或土层不小于0.5m。

（3）《公路隧道抗震设计规范》（JTG 2232—2019）规定：当隧道抗震设防措施等级为二级时，洞门墙与衬砌的连接钢筋环向布置间距应不大于25cm；当隧道抗震设防措施等级为三级时，连接钢筋环向布置间距应不大于20cm；当隧道抗震设防措施等级为四级时,连接钢筋环向布置间距应不大于15cm。早期修建的部分公路隧道洞门墙与衬砌未采用钢筋连接,部分虽采用钢筋连接,但钢筋环向布置间距均较大。

(4)《公路隧道抗震设计规范》(JTG 2232—2019)规定:山岭公路隧道抗震设防措施等级为二级及以上时,要求洞口挡土墙或翼墙($H \leqslant 10m$)的材料强度等级应不低于C15混凝土。早期修建的公路隧道洞口挡土墙或翼墙部分采用浆砌片(块)石修筑。

(5)《公路隧道抗震设计规范》(JTG 2232—2019)规定:明洞式洞门边墙两侧采用浆砌片石、片石混凝土或素混凝土回填,当隧道抗震设防措施等级为三、四级时,两侧回填高度不宜小于7m。早期修建的公路隧道,即便明洞式洞门边墙两侧采用浆砌片石和片石混凝土回填,回填高度一般也达不到7m。

(6)《公路隧道抗震设计规范》(JTG 2232—2019)规定:采用明洞式洞门时,当隧道抗震设防措施等级为二级时,仰坡坡率不宜大于1∶1.25;当隧道抗震设防措施等级为二级以上时,仰坡坡率不宜大于1∶1.5。早期修建的公路隧道,一般明洞式洞门仰坡坡率为1∶1.5~1∶1.0,存在部分仰坡坡率较大情况。

(7)《公路隧道抗震设计规范》(JTG 2232—2019)规定:隧道洞口浅埋段抗震设防长度宜取埋深小于50m的衬砌结构段长度。早期修建的公路隧道,在地形平缓、围岩条件较好的段落,抗震设防长度较短。

(8)《公路隧道抗震设计规范》(JTG 2232—2019)规定:山岭隧道抗震设防措施等级为三级及以上时,抗震设防段隧道衬砌和明洞衬砌的材料种类及强度等级应不低于C30(钢筋)混凝土。早期修建的公路隧道抗震设防段衬砌和明洞衬砌的材料多采用C25(钢筋)混凝土。

40. 公路隧道日常巡查内容是什么?频率及方法分别有哪些规定?

答: 公路隧道日常巡查需对隧道洞口、衬砌、路面是否处在正常工作状态、是否妨碍交通安全等进行检查,包括以下内容:
①洞口边仰坡是否存在边坡开裂滑动、落石等现象。
②洞门结构是否存在大范围开裂、砌体断裂、脱落等现象。
③衬砌是否存在大范围开裂、明显变形、掉块等现象。
④是否存在地下水大规模涌流、喷射,路面出现涌泥沙或大面积严重积水等威胁交通安全的现象。
⑤隧道路面是否存在散落物、严重隆起、错台、断裂等现象。
⑥隧道洞顶预埋件和悬吊件是否存在断裂、变形或脱落等现象。

公路隧道日常巡查通常与路段日常巡查一起进行,频率不少于1次/d;雨季、冰冻季节和极端天气,应增加日常巡查的频率。日常巡查通常采用人工与信息化手段相结合的方式。日常巡查中,发现路面有妨碍通行的障碍物或其他异常情况时,视情况予以清除或报告,并做好记录(记录表格见附录 A),记录方式以文字记录为主,辅以照相或摄像手段。

养护与管理单位在工作中,应注意日常巡查记录的范围及规范性,同时须做好归档和管理工作。

41. 公路隧道土建结构清洁频率有哪些规定?具体要求是哪些?

答:一般来说,公路隧道交通量越大、污染越严重、结构物越易脏污,清洁周期越短。相比其他公路结构物,隧道呈管状,烟尘不易散发,因此其清洁周期相对要短一些。结构物的清洁养护通常都选择在交通量较小的时候进行,如节假日、夜晚等,以尽量减少交通干扰,降低事故风险。不同等级公路隧道清洁频率见表2-10、表2-11。

高速公路、一级公路隧道清洁频率　　表2-10

清洁项目	养护等级		
	一级	二级	三级
路面	1次/d	2次/周	1次/旬
内装饰、检修道、横通道、标志、标线、轮廓标	1次/月	1次/2月	1次/季度
排水设施	1次/季度	1次/半年	1次/半年
顶板	1次/半年	1次/年	1次/2年
斜井	1次/半年	1次/年	1次/2年
边墙、洞门	1次/2月	1次/季度	1次/半年

二级及以下公路隧道清洁频率　　表2-11

清洁项目	养护等级		
	一级	二级	三级
路面	1次/周	1次/半月	1次/月
内装饰、侧墙、洞门、检修道、横通道、标志、标线、轮廓标	1次/季度	1次/半年	1次/年
排水设施	1次/半年	1次/年	1次/年
顶板	1次/年	1次/2年	1次/3年
斜井	1次/年	1次/2年	1次/3年

应按照隧道养护等级确定清洁频率,定时对隧道各部位进行清洁。隧道内不得有污物及过往人员或车辆丢弃的杂物,应有专人清扫并将废弃物运至指定场所,严禁向边沟或山沟倾倒垃圾或其他杂物。

(1)隧道内路面清洁应满足下列要求:
①应保持干净、整洁,两侧边沟不应有残留垃圾等物品。

②高速公路和一级公路宜以机械清扫为主,清扫时应防止扬尘。

③路面被油类物质或其他化学品污染时,应采取措施清除。

(2)隧道的顶板、内装饰、边墙和洞门清洁应满足下列要求:

①应保持干净、整洁,无污垢、污染、油污和痕迹。

②顶板、内装饰和边墙的清洁宜以机械作业为主,以人工作业为辅。

③采用湿法清洁时,应防止路面积水和结冰,并应注意保护隧道内机电设施的安全,防止水渗入机电设施内。清洗用的清洁剂,可根据实际效果选择、确定,宜选用中性清洁剂。清洁剂应冲洗干净。

④采用干法清洁时,应避免损伤顶板、内装饰和边墙,以及隧道内机电设施。清洁时应采取必要的降尘措施。对于不能去除的污垢,可用清洁剂进行局部特别处理。

⑤隧道内没有顶板和内装饰时,应根据需要对洞壁混凝土进行清洁。

⑥洞门的清洁应按照边墙要求执行。

(3)隧道排水设施应按下列要求进行清理和疏通:

①应保持无淤积、排水通畅。

②在汛前、汛中和汛后以及极端降水天气后,应对排水设施进行检查、清理、疏通。在冰冻季节,应增加对排水沟的清理频率。

③对于纵坡较小的隧道或隧道的洞口区段,应增加清理和疏通的频率;对于检查井和沉沙池,应将其底部沉积物清除干净。

(4)隧道的标志、标线和轮廓标清洁应满足下列要求:

①应保持标志、标线、轮廓标的完整、清晰、醒目。

②当标志、标线和轮廓标表面有污秽,影响其辨认性能时,应及时进行清洗。清洗标志、标线和轮廓标时,应避免损伤其表面覆膜或涂层等。

(5)隧道横通道应定期清除杂物和积水。

(6)斜井、检修道及风道等辅助通道应定期清除可能损伤通风设施或影响通风效果的杂物。

养护与管理单位在工作中,应注意清洁记录的填写和签字,同时要做好归档和管理工作。

42. 公路隧道土建结构各类检查的要求和目的是什么?

答:公路隧道土建结构检查分为经常检查、定期检查、应急检查、专项检查,各类检查的要求和目的如下:

(1)经常检查是对土建结构外观状况进行一般性定性检查,重点是对早期的缺损、显著病害或其他异常情况做出缺损状况判定,并提出相应的养护措施。所以在执行经常检查时,应有重点地进行。比如:一座隧道存在300处裂损,我们可以选择其中具有代表性的20处进行长期检查,掌握其发展情况,而不是对300处进行检查。

(2)定期检查是按规定频率对土建结构的技术状况进行全面检查,检查范围、深度都有明确要求,可系统掌握土建结构技术状况和功能状况。

(3)应急检查是在隧道遭遇自然灾害、发生交通事故或出现其他异常事件后对遭受影响的土建结构进行检查,及时掌握土建结构受损情况,为采取对策和措施提供依据。

(4)专项检查是针对以往的经常检查、定期检查、应急检查没有查清缺损、病害的规模或影响程度、范围等问题,对于需要进一步查明缺损或病害详细情况的隧道,进行更深入的专门检测、分析等工作,完整掌握缺损或病害的详细资料,为后续制订养护措施提供依据。

总体来讲,经常检查、定期检查、应急检查就检查方法而言区别不大,以表观检查和简单仪器检查为主。三类检查的主要区别在于经常检查关注重点问题和异常变化,定期检查具有全面性和系统性特点,应急检查是针对突发事件影响范围内的结构进行检查。相对于前三类检查,专项检查在检查深度和方法等方面区别明显,主要针对前三类检查不能查清的问题开展工作,以仪器深入检查为主,通常在进行了前三类检查中的某一种检查后提出专项检查建议,使专项检查项目和方法更具针对性。土建结构检查工作流程见图2-1。

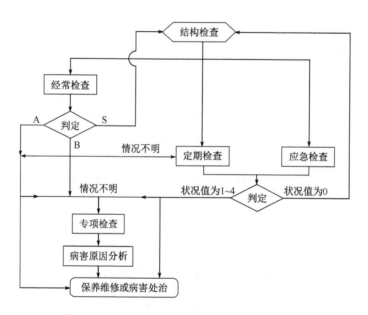

图2-1 土建结构检查工作流程图
S-正常;A-严重异常;B-一般异常

43. 公路隧道土建结构经常检查频率是怎样的? 方法、内容及判定标准分别是什么?

答: 公路隧道土建结构经常检查是一种周期性且有侧重点的检查,检查频率依据养护等级确定,具体频率见表2-12。

46

公路隧道土建结构经常检查频率表　　　　表 2-12

检查分类	养护等级		
	一级	二级	三级
经常检查	1 次/月	1 次/2 月	1 次/季度

在雨季、冰冻季节或极端天气情况下,或发现严重异常情况时,应提高经常检查频率,具体情况如下:

①当结构失稳风险较大,对行人和行车安全构成威胁时。

②恶劣气候条件可能会提高围岩和结构失稳的风险,如:特大暴雨可能引发衬砌背后水压力剧增,从而导致衬砌开裂、坍塌;极端低温可能引发洞口积雪、结构表面挂冰、路面结冰和衬砌背后冻胀等现象,均会危及行车安全和结构安全。

公路隧道土建结构经常检查的方法:检查人员采用人工与信息化手段相结合的方式,配以皮尺、铁锤、手电筒和粉笔等常用的、易于携带的工具,对洞口防护设施、洞门墙结构、衬砌等进行检查。

经常检查内容:对洞口,洞门,衬砌,路面,检修道,排水设施,吊顶及各种预埋件,内装饰,标志,标线,轮廓标这 9 项进行检查,检查时要重点对洞口边仰坡失稳、衬砌结构性裂缝、衬砌渗漏水严重段落、路面隆起或沉陷、排水淤堵等病害(图 2-2 ~ 图 2-7)进行排查,保证隧道的运营安全。

图 2-2　洞口边仰坡存在落石风险

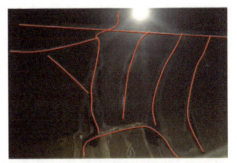

图 2-3　拱部裂缝交叉切割衬砌存在掉块风险

图 2-4　沿施工缝衬砌全环渗水

图 2-5　路面沉陷深 20cm(约长 35m × 宽 1.5m)

图 2-6 纵向管检查井积水外溢

图 2-7 中心沟出水口淤堵积水

经常检查破损状况判定分三种情况：正常（S）、一般异常（B）、严重异常（A）。当经常检查中发现隧道存在一般异常（B）情况时，要求进行监视、观测或做进一步检查；当经常检查中发现隧道存在严重异常（A）情况时，需要采取措施进行处治；当对其产生原因及详细情况不明时，需要做定期检查或专项检查。土建结构经常检查的主要内容及判定标准见表2-13。

土建结构经常检查的主要内容及判定标准　　　　　　　　　表 2-13

项目名称	检查内容	判定描述	
		一般异常（B）	严重异常（A）
洞口	边仰坡有无危石、积水、积雪；洞口有无挂冰；边沟有无淤塞；构造物有无开裂、倾斜、沉陷等	存在落石、积水、积雪隐患；洞口局部有挂冰；构造物局部开裂、倾斜、沉陷，有妨碍交通的可能	坡顶落石、积水浸流或积雪崩塌；洞口挂冰掉落路面；构造物因开裂、倾斜或沉陷而致剥落或失稳；边沟淤塞，已妨碍交通
洞门	结构开裂、倾斜、沉陷、错台、起层、剥落；渗漏水（挂冰）	边墙出现起层、剥落；存在渗漏水或结冰，尚未妨碍交通	拱部及其附近部位出现剥落；存在喷水或挂冰等，已妨碍交通
衬砌	结构裂缝、错台、起层，剥落	衬砌起层，且侧壁出现剥落状况，尚未妨碍交通，将来可能构成危险	衬砌起层，且拱部出现剥落状况，已妨碍交通
	渗漏水	存在渗漏水，尚未妨碍交通	大面积渗漏水，已妨碍交通
	挂冰、冰柱	存在结冰现象，尚未妨碍交通	拱部挂冰，形成冰柱，已妨碍交通
路面	落物、油污、滞水或结冰；路面拱起、坑槽、开裂、错台等	存在落物、滞水、结冰、裂缝等，尚未妨碍交通	拱部落物，存在大面积路面滞水、结冰或裂缝，已妨碍交通
检修道	结构破损；盖板缺损；栏杆变形、损坏	栏杆变形、损坏；盖板缺损；结构破损，尚未妨碍交通	栏杆局部毁坏或侵入建筑限界；道路结构破损，已妨碍交通

续上表

项目名称	检查内容	判定描述	
		一般异常(B)	严重异常(A)
排水设施	缺损、堵塞、积水、结冰	存在缺损、积水或结冰,尚未妨碍交通	沟管堵塞,积水漫流,结冰,设施缺损严重,已妨碍交通
吊顶及各种预埋件	变形、缺损、漏水(挂冰)	存在缺损、漏水,尚未妨碍交通	缺损严重,或吊顶板漏水严重,已妨碍交通
内装饰	脏污、变形、缺损	存在缺损,尚未妨碍交通	缺损严重,已妨碍交通
标志、标线、轮廓标	是否完好	存在脏污、部分缺失,可能会影响交通安全	基本缺失或严重缺失,影响行车安全

44. 公路隧道土建结构定期检查频率是怎么样的？检查方法、内容及评定标准是什么？

答：公路隧道土建结构定期检查是一种周期性的全面检查，一般安排在春融期后或汛期到来前后进行，具体检查频率如下：

（1）定期检查一般每年1次，最长不超过3年1次；

（2）当经常检查发现洞口、洞门、衬砌结构、路面和洞顶各种预埋件等重要结构分项技术状况评定状况值为3或4时，应立即开展1次定期检查；

（3）新建隧道在交付使用1年后应进行首次定期检查。

隧道定期检查通常采用目测、步行方式，配备升降检测车及必要的检查工具或设备。检查时，要尽量靠近结构，依次检查各个部位，并注意发现异常情况和原有异常情况的发展变化。定期检查采用的工具和设备主要为：

尺寸测量——卷尺、游标卡尺、水准仪、激光断面仪等；

裂缝检查——带刻度的放大镜、宽度测定仪、测针、标线、裂缝测宽测深仪；

衬砌结构检查——锤子、回弹仪、超声仪、地质雷达等；

渗漏水检测——pH试验纸、温度计等；

路面检查——摩擦数据测定仪、平整度仪等；

照明器具——卤素灯或目测灯、手电筒；

记录工具——隧道展示图纸、记录本、照相机或摄像机；

升降设备——可移动台架、升降台车。

辅助设备——交通标志标牌、清扫用具等。

目前，车载式快速扫描或摄像设备发展很快，也可以采用。

隧道土建结构定期检查内容及方法见表2-14。

隧道土建结构定期检查内容及方法　　　　　　表2-14

项目名称		检查内容及方法
洞口	检查内容	山体滑坡、岩石崩塌的征兆及其发展趋势,边坡、碎落台、护坡道的缺口、冲沟、潜流涌水、沉陷、塌落等及其发展趋势。护坡、挡土墙的裂缝、断缝、倾斜、鼓肚、滑动、下沉的位置、范围及程度,有无表面风化、泄水孔堵塞、墙后积水、地基错台、空隙等现象及其程度
	检查方法	洞口检查主要采用水准仪、皮尺等工具,观察并量测记录、拍摄隧道洞口处相关病害
洞门	检查内容	墙身裂缝的位置、宽度、长度、范围或程度;结构倾斜、沉陷、断裂范围、变位量、发展趋势;洞门与洞身连接处环向裂缝开展情况、外倾趋势;混凝土起层、剥落的范围和深度,钢筋有无外露、锈蚀;墙背填料流失范围和程度
	检查方法	洞门检查主要采用水准仪、皮尺等工具,观察并量测记录、拍摄隧道洞门处相关病害
衬砌	检查内容	衬砌裂缝的位置、宽度、长度、范围或程度,墙身施工缝开裂宽度、错位量;衬砌表层起层、剥落的范围和深度;衬砌渗漏水的位置、水量、浑浊、冻结状况
	检查方法	初衬检查采用目测方法以及卷尺、裂缝观测仪、带刻度的放大镜、隧道检测车等工具和设备进行检查。对衬砌渗漏水的位置、状态等进行详细记录
路面	检查内容	路面拱起、沉陷、错台、开裂、溜滑的范围和程度,路面积水、结冰等的范围和程度
	检查方法	路面检查主要采用目测、尺量等方法,对路面上有塌(散)落物、油污、滞水、结冰或堆冰以及路面有拱起、沉陷、错台、开裂、溜滑等进行观测记录,对典型病害处进行拍摄记录
检修道	检查内容	检修道损坏、盖板缺损的位置和状况,栏杆变形、锈蚀、缺损等的位置和状况
	检查方法	检修道检查主要采取目测的方法,对道路毁坏,盖板缺损,栏杆变形、锈蚀、破损等病害的位置和规模进行详细记录,对典型病害处进行拍摄记录
排水系统	检查内容	结构缺损程度,中央检查井井盖、边沟盖板等的完好程度,沟管开裂漏水状况;排水沟(管)、积水井等淤积堵塞、沉沙、滞水、结冰等状况
	检查方法	排水系统检查主要采取目测的方法,对结构破损,检查井井盖、边沟盖板缺损,沟管开裂,排水沟(管)、沉沙池等淤积堵塞、沉沙、滞水、结冰等病害的位置和规模进行详细记录,对典型病害处进行拍摄记录
吊顶及各种预埋件	检查内容	吊顶板变形、缺损的位置和程度;吊杆等预埋件是否完好,有无锈蚀、脱落等及危及安全的现象及其程度;漏水(挂冰)范围及程度
	检查方法	吊顶及各种预埋件检查主要采取目测的方法,对吊顶板变形、破损,吊杆破损,漏水(挂冰)等病害的位置和规模进行详细记录,对典型病害处进行拍摄记录

续上表

项目名称	检查内容及方法	
内装饰	检查内容	表面脏污、缺损的范围和程度,装饰板变形、缺损的范围和程度等
	检查方法	内装饰检查主要采取目测方法以及隧道检测车等工具和设备,对表面脏污、缺损、装饰变形、破损等病害的位置和规模进行详细记录,对典型病害处进行拍摄记录
标志、标线、轮廓标	检查内容	外观缺损、表面脏污状况、连接件牢固状况、光度是否满足要求等
	检查方法	标志、标线、轮廓标检查主要采取目测的方法,对外观缺损、表面脏污状况、连接件牢固状况、光度状况等的位置和规模进行详细记录,对典型病害处进行拍摄记录

公路隧道定期检查中,对于结构的异常情况,应在适当位置标记清楚。有严重缺损和难以判明损坏原因和程度的结构,应做影像记录,并附病害状况说明。检查结果尽可能量化。

土建结构技术状况评定由优到次分为1类、2类、3类、4类和5类。评定时,先逐洞、逐段对洞口、洞门、衬砌、路面、检修道、排水系统、吊顶及各种预埋件、内装饰、标志、标线、轮廓标等各分项技术状况进行状况值评定,取各段(或各处)最差的状况值为各分项状况值,依据各分项的权重计算出土建结构技术状况分值后,再结合规范给出的分值区间进行评定分类。

《公路隧道养护技术规范》(JTG H12—2015)中考虑结构安全和运营安全,对于土建结构技术状况评定增加了附加规定,当洞口、洞门、衬砌、路面和吊顶及预埋件其中任何一项的评定状况值达到3或4时,即使土建结构技术状况总体分值较高,土建技术状况也应直接评为4类或5类。比如:某隧道其他土建分项技术状况良好,但洞口存在落石风险,洞口分项技术状况值评定为3,那么该隧道的土建技术状况评定为4类。

《公路隧道养护技术规范》(JTG H12—2015)还规定,在公路隧道技术状况评定中,有下列7种情况之一时,隧道土建技术状况评定应为5类隧道:

①隧道洞口边仰坡不稳定,出现严重的边坡滑动、落石等现象。
②隧道洞门结构大范围开裂,砌体断裂、脱落现象严重,可能危及行车道内的通行安全。
③隧道拱部衬砌出现大范围开裂、结构性裂缝深度贯穿衬砌混凝土。
④隧道衬砌结构发生明显的永久变形,且有危及结构安全和行车安全的趋势。
⑤地下水大规模涌流、喷射,路面出现涌泥沙或大面积严重积水等威胁交通安全的现象。
⑥隧道路面发生严重隆起,路面板严重错台、断裂,严重影响行车安全。
⑦隧道洞顶各种预埋件和悬吊件严重锈蚀或断裂,各种桥架和挂件出现严重变

形或脱落。

总的来讲,《公路隧道养护技术规范》(JTG H12—2015)对土建技术状况评定采用的是"木桶效应"理念,其运营是否安全不是取决于状况好的段落和分项,而是取决于状况差的段落和分项。

45. 公路隧道土建结构定期检查报告应包括哪些内容?

答:不同单位编制的隧道定期检查报告存在较大差异,导致报告质量参差不齐,结合《公路隧道养护技术规范》(JTG H12—2015)中的具体规定,并按定期检查的全面性和系统性要求,建议公路隧道土建结构定期检查报告包括但不限于以下内容:

(1)工程概况。介绍隧道地理位置、长度、设计标准、平纵线形、通车时间等基本信息,隧址区地形地貌、气象、水文、工程地质等自然条件,隧道结构、防排水、路面等设计信息,建设期存在的塌方、突泥涌水、溶洞、大变形等情况及重大变更情况等。

(2)运营期情况。收集历年的定期检查报告、专项检查报告、应急检查报告等资料。收集隧道建成后实施的专项工程、大中修等资料。对以上资料进行总结、分析,掌握公路隧道的运营变化情况等。

(3)检查依据和方法。说明本次定期检查所采用的相关规范、规程、文件等依据,以及检查过程中采用的仪器设备,规定检查时的正方向和左右侧原则。

(4)评定标准及方法。说明本次各分项技术状况评定的标准,土建结构技术状况评定的方法。

(5)检查结果。逐项说明洞口,洞门,衬砌,路面,检修道,排水系统,吊顶及预埋件,内装饰,标志、标线、轮廓标9项检查状况,病害描述时应尽可能量化并配相关照片,对重点病害、严重段落进行单独说明。

(6)技术状况评定。按照评定标准及方法结合病害统计,依次逐洞、逐段对各分项技术状况的状况值进行评定,确定各分项最差状况值后,再进行土建结构技术状况评定。

(7)病害发展趋势分析。本次病害统计结果与上次病害结果采用图表等方式进行对比分析,并对主要病害增减及发展原因进行总结与说明。

(8)主要病害原因分析。结合隧址区地质条件、原设计、施工情况、运营期情况等资料,对检测结果中的主要病害进行针对性原因分析。

(9)专项检查建议。当定期检查中出现状况值为3或4的分项,且产生原因、规模及对结构影响程度不明确时,应提出专项检查的建议,内容包括专项检查的原因、项目、目的、要求等。

(10)养护建议。依据检查中已确定的结构病害,应提出针对性的处治措施与建议,内容包括实施处治的原因、项目、处治措施、所需的工程费用以及实施时间等。

(11)病害展布图。衬砌病害展布图应包含衬砌裂缝、损伤、渗漏水、内装脱落等病害,路面病害展布图应包含路面开裂、隆起、沉陷等病害。

46. 公路隧道土建结构应急检查的目的、方法、内容是如何规定的？常见病害类型有哪些？

答：当公路隧道土建结构遭受自然灾害、交通事故或其他异常事件的影响(图2-8、图2-9)时，应对相应段落的结构进行详细检查。检查的目的是了解异常事件对结构的影响，掌握结构受损情况，确保人员、车辆、结构和设施的安全，应急检查是特别情况下的检查，需尽快实施。检查的方法与定期检查基本相同，采用必要的仪器和设备。与定期检查相比，应急检查的内容有所侧重，主要针对受异常事件影响的结构或结构部位做重点检查。应急检查常见病害类型见表2-15。

 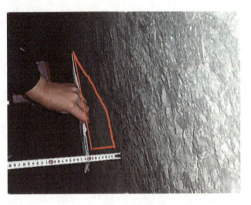

图2-8　地震后洞口仰坡垮塌　　　　图2-9　火灾后衬砌混凝土剥落

应急检查常见病害类型一览表　　　　　表2-15

事件分类	具体病害类型
自然灾害	地震、山体滑坡或崩塌、泥石流、暴雨、山洪、暴风雪和雪崩等
交通事故	擦剐、车辆冲撞、翻车、火灾等
其他异常事件	结构突发性的破坏、超限车辆通过等危及交通安全、结构设施安全的异常事件，如洞口落石、围岩坍塌、衬砌变形或塌落、路面沉陷、大量渗漏水、大量挂冰、严重冻害或者爆炸等

47. 公路隧道土建结构专项检查的目的是什么？专项检查的流程是怎样的？

答：专项检查是对于需要进一步查明的病害规模、影响程度等情况，针对性地确定检查的内容，进行更深入的现场检测，同时通过必要的计算分析和综合分析，查清病害规模、影响程度等，为病害处治提供技术依据。

专项检查具有针对性强和详细、深入的特点，故应做充分的准备工作，具体工作流程见图2-10。

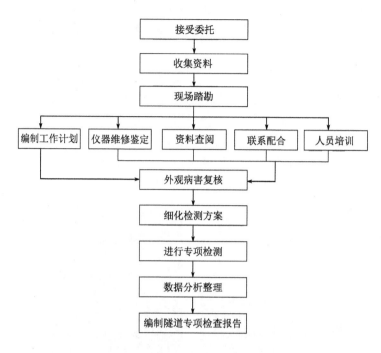

图 2-10 隧道土建结构专项检查流程图

48. 公路隧道土建结构专项检查的项目及内容是什么？

答：专项检查的项目、内容应根据经常检查、定期检查或应急检查的结果有针对性地确定，可按表 2-16 选择执行。部分专项检查见图 2-11 ~ 图 2-14。

隧道土建结构专项检查的项目及内容　　表 2-16

检查项目		检查内容
结构变形检查	公路路线、高程检查	公路中线位置、路面高度、缘石高度以及纵、横坡度等测量
	隧道横断面检查	隧道横断面测量，周壁位移测量（与相邻或完好断面比较）
	净空变化检查	隧道内壁间距测量（自身变化比较）
裂缝检查	裂缝调查	裂缝的位置、宽度、长度、开展范围或程度等
	裂缝检测	裂缝的发展变化趋势及其速度，裂缝的方向及深度等
漏水检查	漏水调查	漏水的位置、水量、浑浊、冻结及原有防排水系统的状态等
	漏水检测	水温、pH 值、电导度检测，水质化学分析
	防排水系统检查	拥堵、破坏情况

续上表

检查项目		检查内容
材质检查	衬砌强度检查	强度简易测定,钻孔取芯,各种强度试验等
	衬砌表观病害检查	起层、剥落、蜂窝、麻面、孔洞、露筋等
	混凝土碳化深度检测	采用酚酞溶液检查混凝土的碳化深度
	钢筋锈蚀检测	剔凿检测法、电化学测定法、综合分析判定法
衬砌及围岩状况检查	无损检查	无损检测衬砌厚度、空洞、裂缝和渗漏水等,以及钢筋、钢拱架、衬砌配筋位置及保护层厚度、围岩状况、仰拱充填层密实程度及下岩溶发育情况
	钻孔检查	钻孔测定衬砌厚度等,内窥镜观测衬砌及围岩内部状况
荷载状况检查	衬砌应力及拱背压力检查	衬砌不同部位的应力及其变化、拱背压力的分布及其变化
	水压力检查	地下水丰富的隧道检查衬砌背后水压力大小、分布及变化规律

图 2-11 衬砌混凝土强度检测

图 2-12 地质雷达检测衬砌情况

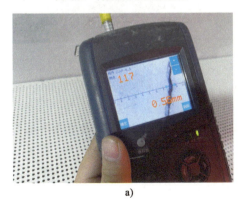

a)

b)

图 2-13 裂缝宽度及深度检测

a) 衬砌涌水　　　　　　　　b) 衬砌挂冰

图 2-14　渗漏水检测

49. 公路隧道土建结构常见专项检查项目有哪些？采用的仪器设备及原理是什么？

答：公路隧道土建结构常见专项检查项目及所采用的仪器设备和原理如下。

（1）衬砌混凝土强度检测。

衬砌混凝土强度的检测方法可分为无损检测和有损检测，运营隧道常用的无损检测方法有回弹法、超声-回弹综合法，有损检测方法有钻芯法。

回弹法：用弹簧驱动重锤，通过弹击杆弹击混凝土表面，并测出重锤被反弹回来的距离，以回弹值（回弹距离与弹簧初始长度之比）作为与强度相关的指标，来推定混凝土强度的一种方法。

回弹仪的回弹距离主要取决于混凝土的塑性变形，混凝土的强度越低，则塑性变形越大，产生塑性变形消耗的功也越大，弹击锤所获得的回弹能量就越小，回弹距离相应也越小，从而回弹值就越小，反之亦然。据此，可由能量建立"混凝土抗压强度-回弹值"的相关曲线，通过回弹仪对混凝土表面弹击后的回弹值来推算混凝土的强度值。

超声-回弹综合法：采用非金属超声检测仪（图 2-15）和回弹仪（图 2-16），应用"超声-回弹综合法"测定混凝土的强度。该方法的基本原理为：用非金属超声检测仪和回弹仪在结构混凝土同一测区分别测量声时值和回弹值，利用混凝土抗压强度与声波速度和回弹值之间的相关关系来推定混凝土的抗压强度。

采用该方法推定衬砌混凝土强度时，应满足下列要求：

①混凝土采用的水泥、砂、石、外加剂、掺合料、拌和用水应符合国家现行有关标准的规定；

②自然养护或蒸汽养护后经自然养护 7d 以上，且混凝土表层为干燥状态；

③龄期 7 ~ 2000d；

④混凝土抗压强度 10 ~ 70MPa。

图 2-15　非金属超声检测仪

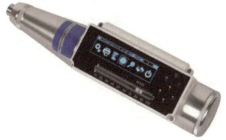
图 2-16　回弹仪

钻芯法：从混凝土结构物中钻取芯样来测定混凝土的抗压强度的一种直观、准确的方法。用钻芯法还可以检测混凝土的裂缝、接缝、分层、孔洞或离析等缺陷，具有直观、精度高等特点。

抗压试验的芯样试件宜使用标准芯样试件，其公称直径不宜小于集料最大粒径的 3 倍；也可采用小直径芯样试件，但其公称直径不应小于 70mm 且不得小于集料最大粒径的 2 倍。芯样抗压试件的高度和直径之比（H/d）宜为 1.00。

(2) 衬砌净空断面检测。

通常采用激光断面仪进行衬砌净空断面检测。激光断面仪的测量原理为极坐标法，即以某物理方向（如水平方向）为起算方向，按一定间距（角度或距离）依次测定仪器旋转中心与实际断面轮廓线的交点之间的矢径（距离）及该矢径与水平方向的夹角，将这些矢径端点依次相连即可获得实际断面的轮廓线（图 2-17）。

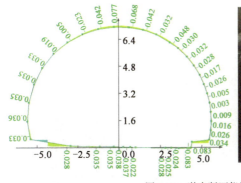

图 2-17　激光断面仪检测衬砌断面轮廓

通过激光断面仪获得断面具体几何尺寸，为后期的加固设计储备相关技术资料，避免采取的加固措施导致"侵限"情况发生，也可作为以后判断衬砌净空是否存在变形情况的对比资料。

(3) 衬砌厚度、内部缺陷检测。

衬砌厚度及内部缺陷检测方法分为有损检测和无损检测。有损检测可采用钻孔和内窥镜法，但这种方法对衬砌和防水板具有破坏作用。实践中，一般采用地质雷达进行衬砌厚度、内部缺陷无损检测。地质雷达主机见图2-18。

地质雷达检测时,应注意以下问题:

①根据需要配置相应频率的天线,一般为400～900MHz频率天线。

②根据需要布置测线,一般在检测范围衬砌上布置5条连续纵向测线,分别为拱顶、左拱腰、右拱腰、左边墙、右边墙。

③检测时,雷达天线(图2-19)要紧贴衬砌表面,沿纵向以3～5km/h的速度向前移动采集数据。

图2-18　地质雷达主机　　　　　图2-19　雷达天线

现场检测完成后,根据接收到波的旅行时间(亦即双程走时)、幅度、频率与波形变化资料,可以推断介质的内部结构以及目标的深度、形状等,从而确定衬砌厚度及内部缺陷情况。

(4)隧底结构层状况检测。

隧底结构层状况检测可以采用钻探、槽探、地质雷达探测等方法进行检测(图2-20),其中钻探、槽探均是直接揭示的方法,地质雷达探测则是一种物探方法。建议采用钻探和地质雷达探测两种方法组合进行检查,其中钻探每20～50m设置一处,地质雷达检测在受检区域贯通,并考虑在病害严重段和围岩变化段设置,这样可满足连续性、准确性的要求。

a)隧底路面钻探　　　　　　　b)隧底雷达检测

图2-20　隧底结构层状况检测

钻探法：在隧道病害发育位置选取测点进行钻探检查，通过芯样揭示隧底各结构层厚度、缺陷情况及隧底围岩情况等。

槽探法：在隧道病害发育段落选取位置进行开挖验证，开挖面积一般不小于 $1m^2$，开挖深度大于仰拱埋置深度，开挖后直接观察隧底各结构层状况及围岩情况。

地质雷达探测法：在隧道每个行车道路面设置 1 条测线，采用地质雷达沿隧道纵向进行隧底检测。

(5) 裂缝宽度检测。

裂缝宽度检测采用读数显微镜、裂缝测宽仪、裂缝标准宽度板、塞尺等工具和设备。

用于检测混凝土裂缝宽度的读数显微镜是由光学透镜与游标刻度等组成的复合仪器，自带冷光源，确保在无光线的情况下也能看到清晰的裂缝，测出其宽度，常见的放大倍数为 20～40 倍。

裂缝测宽仪（图 2-21）适用于缝内无积水、泥浆的单侧裂缝，裂缝纵深走向与混凝土表面基本垂直，混凝土表面应清洁、平整。其测量范围是 0.01～2.00mm，读数精度是 0.005mm，放大倍数是 40 倍。衬砌裂缝宽度检测见图 2-22。

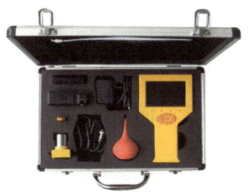
图 2-21　裂缝测宽仪

图 2-22　衬砌裂缝宽度检测

也可以采用印刷有不同宽度线条的裂缝标准宽度板，与裂缝对比测量，或用一组具有不同标准厚度的塞尺进行试插对比，刚好插入裂缝的塞尺厚度即为裂缝宽度。

(6) 裂缝深度检测。

裂缝深度检测使用的仪器有非金属超声检测仪，并采用钻孔等方法。

采用非金属超声检测仪进行裂缝深度检测（图 2-23）时，应先打磨、清理混凝土表面，用非金属超声检测仪采用不跨缝方法测出平测声速，再用跨缝的方法得到测距及相应的声参量，最后通过计算得到裂缝深度。

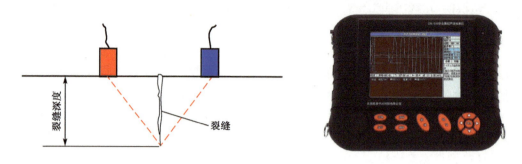

图 2-23 隧道衬砌裂缝深度检测

采用钻孔进行裂缝深度检测是一种直接揭示的方法,通过钻孔取芯直接观察裂缝深度。

(7)衬砌渗漏水检测。

衬砌渗漏水状态按程度不同可分为喷射、涌流、滴漏、浸渗四种(图2-24),根据渗漏水的状态可以判断渗漏水是否影响行车安全。同时分析水温、水质等参数,判断渗水与衬砌背后地下水环境的关系及渗水源头,为渗水病害处治提供依据和支持。

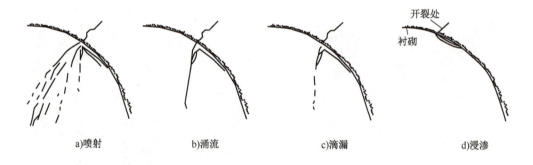

a)喷射　　　　b)涌流　　　　c)滴漏　　　　d)浸渗

图 2-24 衬砌渗漏水状态分类

衬砌渗漏水检测方法简介如下。

①渗漏水位置和面积。

一般采用目测法对渗漏水进行检查,必要时可采用望远镜。渗漏水位置和面积一般采用卷尺、钢卷尺和激光测距仪来确定。

②pH 值检测。

一般采用 pH 测量仪(酸度计)或 pH 试纸测定,需要时采用精密酸度计进行验证检测。

当采用 pH 试纸现场检测时,把 pH 试纸放在表面皿或者干净的玻璃片上,用玻璃棒蘸取待测的溶液,点在试纸中部,半分钟内与标准比色卡对照,读出 pH 值即可。

③水温。

一般采用温度计对隧道漏水进行检测,需要时采用非接触式红外测温仪进行验证检测。

④漏水量。

采用秒表和计量容器等测定隧道漏水量。

⑤水质分析。

一般现场采集隧道漏水水样,送交专业的水质检测机构进行详细的水质分析。衬砌渗漏水水质检测见图 2-25。

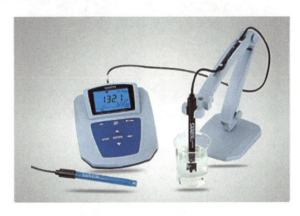

图 2-25 衬砌渗漏水水质检测

(8) 结构高程检测。

结构高程检测是通过隧道建设时期高程控制点或独立设置的永久固定点,利用经纬仪、水准仪或全站仪对隧道路面控制点、路沿和衬砌边墙或基础沉降与变形进行测量。全站仪检测隧道衬砌高程见图 2-26。

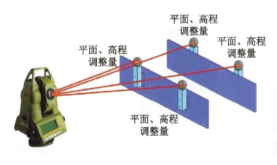 

图 2-26 全站仪检测隧道衬砌高程

(9) 表观病害快速检测。

衬砌结构表观病害可以采用视频快速检测系统或激光快速检测系统进行检查,

其原理如下：

视频快速检测系统：采用车载的面阵或者线阵相机阵列，通过现场高频摄像、室内图像处理和拼接，得到衬砌表面影像（图2-27）。检测结果中应记录隧道衬砌表面的裂缝、起层剥落、渗漏水等表观病害，同时对隧道内装饰、吊顶、灯具、射流风机及线缆桥架等缺损情况进行记录。

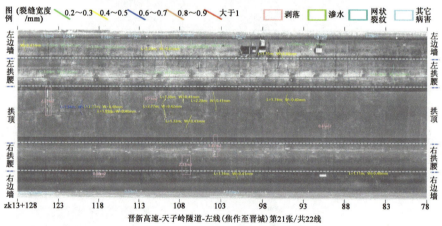

图2-27 隧道视频快速检测

激光快速检测系统：采用车载高能激光探测器在隧道内通行，通过连续不间断地对隧道表面进行扫描、室内图像处理，得到隧道表面图像、三维测量数据和红外热成像。通过后台分析辨识衬砌表观病害、隧道内轮廓和结构变形等情况，同时可以对隧道路面、检修道、标志、标线、内装饰、吊顶、灯具、射流风机及线缆桥架等缺损情况及设备异常发热情况进行分析、辨识。

隧道衬砌表观病害通过扫描设备进行观测记录，运用最新的非接触技术对隧道的建造及外观病害情况进行测量和记录，为用户提供隧道内详尽的外观图像、几何尺寸及红外热成像信息，并可针对这些病害信息进行分析。

(10) 三维激光扫描。

三维激光扫描技术是近年来出现的新技术,它利用激光测距的原理,即当一束激光照射到物体表面时,所反射的激光会携带方位、距离等信息(图 2-28)。若将激光束按照某种轨迹进行扫描,便会边扫描边记录反射的激光点信息,由于扫描极为精细,能够得到大量的激光点,因而可形成激光点云。通过记录被测物体表面大量密集点的三维坐标、反射率和纹理等信息,可快速复检出被测目标的三维模型及线、面、体等各种图件数据。隧道的纵断面点云模型见图 2-29。

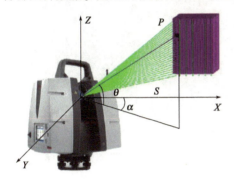

图 2-28　三维激光扫描

图 2-29　隧道的纵断面点云模型

采用三维激光扫描技术对隧道整体数据进行采集,通过软件处理得到隧道轴线三维坐标,与设计轴线对比分析,对隧道任意部位的纵横断面进行测量,隧道衬砌点云图见图 2-30。其包括控制测量、数据配准、数据滤波、基于隧道点云的断面提取四个步骤:

①**控制测量**。由于隧道区间狭长、地下空间较小、测量环境复杂,必须对扫描数据进行控制测量。控制测量包括高程控制测量和平面控制测量。

②**数据配准**。在扫描区域中设置控制点或标靶点,使得相邻区域的扫描点云图上有 3 个以上同名点,通过控制点的强制符合,将相邻的扫描数据统一到同一坐标系下,这个过程称为数据配准。

③**数据滤波**。在实际扫描过程中,由于受到人为或环境因素的影响,噪声点不可避免地混在点云数据中,在数据处理前要进行去噪处理。

④**基于隧道点云的断面提取**。在处理点云数据的过程中,需要生成断面图,常用的方法是截取隧道区间的纵断面作为比较依据,先确定隧道的设计轴线,然后以此为基准,对隧道点云数据做切片,进而提取断面。

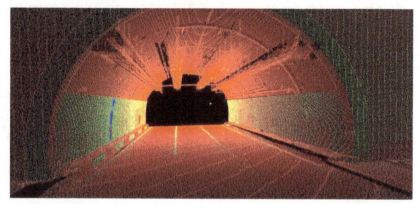

图 2-30　隧道衬砌点云图

50. 隧道结构自动化远程监测系统包括哪些子系统?各子系统的功能是什么?监测仪器的工作原理及方法是什么?

答: 近年来,公路隧道病害逐渐显现,特别是在一些严重不良地质地段、重大结构病害或隐患处,易发生结构失稳、突泥涌水等事故,危害人民生命和财产安全。为加强对这些特殊部位的监控和管理,通常建立自动化远程监测系统,对其应力、应变和地下水状态等进行监测。

自动化远程监测系统由感知层、传输层和应用层组成,具体包括传感器子系统、数据采集子系统、数据传输子系统、数据库子系统、数据处理与控制子系统、安全评价与预警子系统(图 2-31),通过各个层相互协调,实现系统的各种功能。各子系统的功能如下:

传感器子系统作为感知层,是整个监测系统的基础部分,负责实时、可靠地感知结构物各监测项目变化,并将这一变化直接转化为数字信息或便于计算机识别的其他信号(例如电、光、声、磁等)。

数据采集子系统能够采集传感器子系统测量的环境条件和结构自身的声、光、电、磁等信号,并将这些信号转化成数字信号。

数据传输子系统常用的通信方式包括三大类:①通信运营公司商用网络,如移动、联通、电信的 4G、5G 或光纤专线等;②无线自组网,如 ZigBee、LoRa、Wi-Fi 或蓝牙等;③有线自组网,如 RS-485、RS-232、网线或光纤等。也可以是上述类型的结合。

数据库子系统是一种数据处理系统,是为实际可运行的存储、维护和应用系统提供数据的软件系统,同时也是存储介质、处理对象和管理系统的集合体。

数据处理与控制子系统是数据传输子系统的下一个环节。通过数据处理与控制子系统,对大量原始数据资料进行进一步的处理和分析。

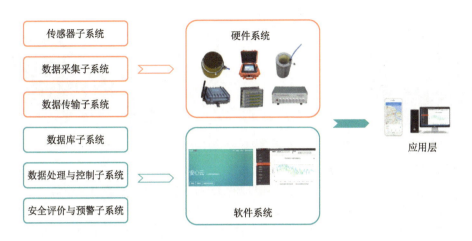

图 2-31　在线监测系统拓扑示意图

安全评价与预警子系统的主要功能就是对采集的数据进行统计分析,并判断变化趋势,实时掌握结构所处的情况,当应力和应变等数值达到极限值时发出预警信息。

运营期公路隧道常见监测项目和监测仪器见表 2-17。

公路隧道常见监测项目和监测仪器　　表 2-17

监测项目	监测仪器	监测项目	监测仪器
净空收敛	激光位移计	围岩压力	压力计
拱顶下沉	激光位移计	两层支护间压力	压力计
地表、路面下沉	静力水准仪	初期支护内应力	内埋式应变计
地表建筑物沉降	静力水准仪	围岩体内部位移	多点位移计
钢架内力及外力	钢筋计/应变计	地表建筑物倾斜	盒式固定测斜仪
锚杆轴力	钢筋计	地表建筑物裂缝	裂缝计

几种监测仪器的工作原理及方法如下:

(1) 激光位移计。

激光位移计(图 2-32)是一款利用激光相位法测量传感器与被测物之间距离的新型传感器。它具有测量速度快、测量精度高、产品体积小、使用方便等特点,可应用于隧道拱顶沉降及周边收敛监测。拱顶沉降和拱腰收敛测点布置见图 2-33。

(2) 裂缝计。

裂缝计的核心部分是传感器头部分,传感器头由拉杆、铁芯、一组初级线圈、两组次级线圈、内管、外管等组成。当铁芯在线圈内移动时,两组次级线圈产生差动电压。此两组电压经检波、相减、滤波、调零、放大等处理,输出一个与铁芯移动量相对应的信号(电压或电流)。裂缝计可应用于衬砌裂缝发展监测。数字式裂缝计见图 2-34。

65

 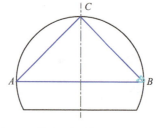 

图2-32　激光位移计　　图2-33　拱顶沉降和拱腰收敛测点布置　　图2-34　数字式裂缝计

(3) 静力水准测量系统。

静力水准测量系统是基于连通器原理的工程应用。测量系统由多个静力水准仪(图2-35)通过一根充满液体的PU管连接在一起,最后连接到一个储液罐上,相比于管线,储液罐拥有足够大的容量,能够有效减少由温度变化导致的细微变化给管线容量带来的影响。将储液罐及其附近的静力水准仪视作基点,基点必须安装在垂直位移相对稳定或者可以通过其他人工手段测量确定的位置,接下来就可以通过查看测点静力水准仪的压力变化直接测得该点的相对沉降。静力水准测量系统主要应用于隧道沉降(或地表下沉)监测,其连接示意图见图2-36。

图2-35　静力水准仪

(4) 振弦式应变计。

振弦式应变计(图2-37)主要由夹弦器、钢弦、感应线圈、不锈钢外护管以及安装头组成,其中钢弦通过夹弦器与两端安装头相连,钢弦上被预加一定张力固定于传感器内。根据经典弦原理,当弦长一定时,钢弦固有频率的平方与钢弦的张力成正比关系,而钢弦的张力与钢弦的应变成正比关系,也就是说,钢弦固有频率的平方与钢弦的应变也成正比关系。当被测结构物由于受到外力作用产生形变,并通过应变计两端安装头传递至钢弦使其应变量发生变化时,钢弦固有频率也随之改变。通过测量钢弦频率的变化量,即可得知被测结构物的应变变化量。振弦式应变计可应用于衬砌应变监测,其结构见图2-38。

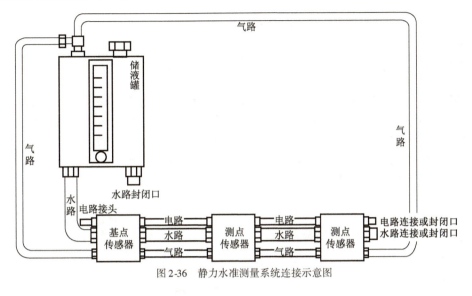

图 2-36　静力水准测量系统连接示意图

图 2-37　振弦式应变计

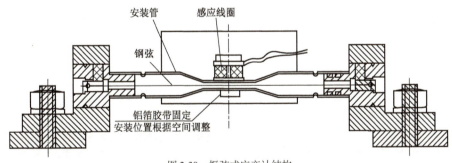

图 2-38　振弦式应变计结构

51. 运营公路隧道结构监测的项目与方法主要有哪些？

答：运营公路隧道结构监测项目主要为变形量测和受力监测两大类。变形量测对象主要包含洞内观察、拱顶沉降、周边位移、路面底鼓（沉陷）、裂缝发展、地表下沉、地表水平位移、洞门沉降等；受力监测对象主要包括围岩压力、两层支护间的压力、衬砌内应力、钢架内力、渗漏水压力、水流量等。由于运营公路隧道结构监测往往需要在通车条件下进行，采用的常规监测方法对隧道正常通车影响较大，同时监测频率高，实施过程中存在一定的安全隐患，所以目前通常采用远程自动化结构监测手段,实现数据的自动采集、无线传输、分析预警等。

(1)变形量测。

洞内观察一般是隧道养护技术人员定期对隧道结构变形、裂缝变化、渗漏水情况进行现场查看,可采取尺量、画线、贴玻璃片等简易辅助手段。

拱顶沉降、路面底鼓(沉陷)、洞门沉降、地表下沉、地表水平位移可采用静力水准仪、压差式沉降仪、机器视觉测量仪(图2-39)等进行量测,这些项目需要在洞内或洞外选取一个稳固的基准点,测得绝对沉降量;周边位移可采用激光收敛计(图2-40)、钢丝位移计等进行量测,一般测得相对位移值;裂缝发展可采用多种形式的裂缝计进行量测,测得裂缝宽度的变化。

图2-39 机器视觉测量仪

图2-40 激光收敛计

(2)受力监测。

受力监测一般是运营隧道加固期间进行或加固后进行的监测。围岩压力、两层支护间的压力一般采用压力盒(图2-41)进行量测,衬砌内应力一般采用混凝土应变计(图2-42)进行量测,钢架内力一般采用支柱压力计或其他测力计(如图2-43所示的钢架测力计)进行监测,渗漏水压力、水流量可分别采用渗压计(如图2-44所示的振弦式渗压计)、流量计进行量测。

图2-41 压力盒

图2-42 混凝土应变计

图2-43 钢架测力计

图2-44 振弦式渗压计

52. 公路隧道土建结构的病害主要有哪些？养护工作中应重点关注哪些问题？

答：公路隧道土建结构的病害类型众多，在以往文献的基础上经过归纳得出表2-18，表中内容基本涵盖了各种土建结构的病害类型。

公路隧道土建结构的病害类型　　　　　　　　　　表2-18

部位	病害特征
洞口	落石、坡体坍塌、泥石流、雪害等
洞门	裂缝、渗水、错台、前倾、沉陷、不均匀沉降、挂冰、混凝土腐蚀、钢筋腐蚀等
衬砌	裂缝、错台、衬砌变形、下沉、渗漏水、混凝土腐蚀、钢筋腐蚀、结冰、剥落、剥离、掉块、蜂窝、麻面、突发性坍塌等
路面	开裂、错台、底鼓、沉陷、翻浆、冒泥、积水、渗水、结冰等
排水设施	排水系统堵塞、水量过大、排水沟破损与变形等
电缆槽	电缆槽变形与破损等
内装饰	开裂、破损等
预埋件	锈蚀、不牢固等

部分病害会直接危及公路隧道运营安全，可能造成严重后果，我们在养护工作中，特别是在巡查、检查过程中要特别关注这些病害(图2-45～图2-50)的发生，并及时消除隐患。应重点关注的问题如下：

(1)隧道洞口边仰坡出现严重的边坡滑动、落石等现象。

(2)隧道洞门结构大范围开裂，砌体断裂、脱落现象严重。

(3)隧道拱部衬砌出现大范围开裂、结构性裂缝深度贯穿衬砌混凝土。

(4)地下水大规模涌流、喷射，路面出现涌泥沙或大面积严重积水等现象。

(5)隧道路面发生严重隆起，路面板严重错台、断裂。

(6)隧道洞顶各种预埋件和悬吊件严重锈蚀或断裂。

图 2-45 边仰坡滑塌

图 2-46 洞门墙开裂

图 2-47 衬砌贯穿开裂

图 2-48 衬砌涌水

图 2-49 路面隆起、错台

图 2-50 电缆桥架失稳

53. 公路隧道衬砌结构常见的严重缺陷有哪些？

答：受理念、工艺、材料以及人为等因素的影响，部分早期建成的公路隧道存在一定的质量缺陷问题，诸如系统锚杆长度不足、注浆不饱满、初期支护厚度不足、拱架设置间距偏大、上下部结构连接不良等，这些缺陷对隧道衬砌结构的长期稳定将产生长远的影响。从运营阶段看，常见的对衬砌结构影响较大的质量缺陷主要有以下几种：

（1）二次衬砌厚度不足。公路隧道二次衬砌在浇筑过程中，往往由于空间不足或拱部混凝土灌注不充分导致衬砌厚度不足，甚至出现二次衬砌局部缺失现象，严重降低了衬砌的承载能力，导致局部段落在运营中发生突然坍塌事件。

经统计，200 座公路隧道的衬砌地质雷达扫描结果显示：存在衬砌欠厚的隧道占比为 85%，存在衬砌厚度小于设计厚度 1/2 的隧道占比为 74%，不存在衬砌欠厚的隧道基本为明洞隧道或短隧道。

（2）衬砌背后空洞。公路隧道施工过程中，由于超挖或衬砌混凝土灌注不足，衬砌背后往往存在较大空洞。初期支护和围岩之间的空洞，导致围岩失去约束，从而可能长期蠕变发生失稳，初期支护本身也由于与围岩接触不均匀产生了应力集中现象。初期支护和二次衬砌之间的空洞，不仅导致衬砌局部应力集中，还存在局部衬砌厚度过小可能进一步发展为衬砌坍塌的情况。

经统计，200 座公路隧道的衬砌地质雷达扫描结果显示：衬砌背后存在脱空现象的隧道占比为 92.5%。

（3）二次衬砌钢筋布置不规范。根据地质条件及跨度等因素，公路隧道部分段落的二次衬砌采用钢筋混凝土衬砌，但在实际检测中往往发现衬砌钢筋布置不规范。一种情况是两层钢筋未能按设计要求布置在衬砌内、外侧两面，而是两层中心间距过小使钢筋挤在一起，要么挤在一侧，要么位于衬砌中部，导致钢筋弥补混凝土抗压不抗拉的作用大大减小，使得衬砌发生裂损问题。另一种情况更为严重，两层钢筋施工中变为单层甚至钢筋缺失，大大削弱了衬砌承载能力。衬砌钢筋布置见图 2-51，衬砌钢筋挤向衬砌外侧见图 2-52。

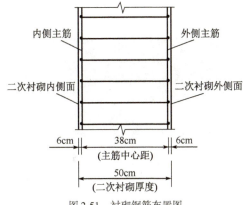

图 2-51 衬砌钢筋布置图

图 2-52 衬砌钢筋挤向衬砌外侧

(4)隧底结构层厚度不足。近些年,我国部分运营公路隧道陆续出现了局部段落路面开裂、隆起、错台病害,形成极大的安全隐患。专项检查发现病害段落隧底结构层普遍存在严重质量缺陷,往往存在仰拱结构层厚度不足甚至缺失现象,结构不能成环以至于长期荷载作用下逐渐丧失承载力,最终导致结构破坏。

经统计,160座隧道隧底结构钻孔检查结果显示:隧底厚度整体合格率约为62.22%。部分省份的隧道拉网式排查资料中可见隧底结构欠厚、回填不密实等问题已经较为普遍,同时部分隧道存在未设置仰拱的情况。

(5)防水设施施工质量差。我国20多年修建的公路隧道基本采用三层防水设计,存在的主要缺陷是:①部分防水板在施工过程中损伤或搭接处粘贴不良;②二次衬砌的施工缝、沉降缝中的止水带、止水条设置不规范(图2-53、图2-54),导致防水失效。

图2-53 止水带安装有误　　　　　图2-54 安装止水条未设置嵌槽

(6)排水设施不规范、不完善。隧道排水设施的缺陷主要表现为横向引水管和中心排水沟堵塞(图2-55)、部分设施未设置等,导致地下水不能排出而大量聚集,浸泡围岩,对衬砌施加较大水压力,引起结构病害。笔者在工程实践中就曾遇到以下情况:①某隧道全长约2.2km,隧底开挖过程中发现洞身800m未见中心排水沟和横向引水管;②某特长隧道隧底开挖过程中,全隧道仅发现十几处横向引水管;③检查过程中,纵向管检查井内积水(图2-56),井内未见纵向排水管、横向引水管现象比比皆是。

图2-55 横向引水管堵塞　　　　　图2-56 纵向管检查井内积水

对于以上严重结构缺陷，养护与管理单位应给予足够重视，通过专项检查手段尽早查清缺陷，避免对运营安全产生影响。

54. 衬砌裂缝如何分类？通常情况下不同形态裂缝对隧道的影响如何？

答：衬砌裂缝是公路隧道最常见的病害类型，该类病害是在不利荷载、温度变化、养护不到位等条件下产生的。按照衬砌裂缝形态可将衬砌裂缝分为环向裂缝、斜向裂缝及纵向裂缝，如图2-57所示。一般来讲，衬砌纵向裂缝对结构安全影响最大，斜向裂缝次之。环向裂缝相对较小。

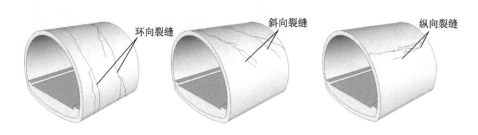

图 2-57 裂缝形态

按产生原因可将衬砌裂缝分为结构性裂缝和非结构性裂缝。结构性裂缝多是结构应力达到或超过限值，造成承载力不足引起的，是结构破坏开始的特征，或是结构强度不足的征兆，是比较危险的，必须进一步对裂缝进行分析。非结构性裂缝是受建筑材料、环境及施工方法等因素的影响产生的，一般具有缝宽小、深度小的特征，对结构安全影响小，但长期存在可能会对结构耐久性产生影响。

以上是几种常见的裂缝形态，工程中有时是一种裂缝单独出现，有时是几种裂缝同时出现。一般根据裂缝产生的部位、形状和方向，并结合工程地质、水文条件初步分析衬砌结构的受力状态。通常，浅层裂缝对结构承载力影响不大，贯穿性裂缝会使结构承载力急剧下降，大面积交叉裂缝往往会导致衬砌结构突然垮塌、失稳而产生严重后果。

55. 运营公路隧道局部段落衬砌掉块甚至突然性坍塌是如何产生的？

答：运营公路隧道局部段落衬砌发生掉块甚至突然性坍塌是常见病害，也是十分危险的，我国曾发生过类似事故造成车毁人亡，所以预防该类问题的产生是十分必要的。总的来讲，此类问题产生的原因主要有以下几方面：

（1）衬砌厚度严重不足（图2-58）。建设阶段，拱部混凝土灌注不足造成衬砌背后存在空洞，或者二次衬砌浇筑空间不够等原因，均会造成二次衬砌厚度严重不足。经过较长时间运营，衬砌混凝土劣化，进一步削弱了二次衬砌承载能力，以致产生掉块甚至坍塌现象，特别是在重载车辆经过形成较大振动作用的情况下。

(2)衬砌裂损严重(图2-59)。隧道拱部衬砌出现大范围开裂、结构性贯穿裂缝,特别是这些裂缝交叉在衬砌上形成一块块独立的区间,这些独立区间往往容易产生掉块、坍塌问题。

图2-58　衬砌厚度严重不足　　　　　　图2-59　衬砌裂损严重

(3)衬砌混凝土不密实。衬砌浇筑过程中由于振捣不充分等引起混凝土离析现象,或腐蚀导致混凝土不密实,运营阶段容易产生掉块、坍塌问题,特别是季冻区隧道。混凝土剥离见图2-60。

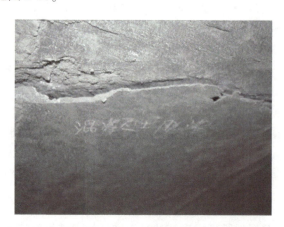

图2-60　混凝土剥离

(4)落石击溃衬砌。衬砌背后存在较大空洞,软弱围岩发生长期蠕变,在地下水的长期、反复作用下剥离、坠落,从而击溃衬砌。

以上是运营公路隧道衬砌发生掉块甚至突然性坍塌的主要原因,对于衬砌严重裂损病害,技术人员通过常规检查是能够发现的,需要我们及时分析处治;对于衬砌的隐蔽缺陷(厚度不足、不密实)问题,我们可以通过地质雷达检测发现,及时采取措施,避免在长期运营中衬砌混凝土逐渐劣化,进一步削弱其承载能力,引发运营安全事故。

56. 运营公路隧道哪些因素易导致洞口边仰坡坍塌？

答：公路隧道洞口边仰坡技术状况直接影响运营安全，是养护阶段需关注的主要问题之一。《公路隧道养护技术规范》（JTG H12—2015）在技术状况评定中规定，当洞口边仰坡分项技术状况值评定为3或4时，公路隧道的土建结构技术状况应直接评定为4类或5类，足见其危害程度。

实际工作中，养护技术人员对于隧道洞口边仰坡的检查和危害往往认识不足，以下列举导致洞口边仰坡坍塌的主要因素：

（1）防护不足。在建设阶段，由于设计或施工原因对洞口边仰坡防护不足，长期运营或极端气候条件下易产生坍塌甚至滑坡现象，养护工作中要通过巡查、检查及时发现隐患并进行处治。

（2）洞顶排水不畅。水是影响洞口边仰坡稳定的主要因素之一，而隧道洞顶往往出现排水设施损坏、堵塞，甚至未设置排水设施等情况，导致地表汇水不能及时、有效排出，冲刷、浸泡、下渗均严重影响坡体的稳定性。养护过程中，发现洞顶排水设施损坏、堵塞时，应及时维修养护；发现未设置洞顶排水设施导致地表水不能及时排出时，应及时增设洞顶排水设施。洞顶截水沟损坏、失效见图2-61。

（3）边仰坡出现开裂或落水洞等。边仰坡上出现开裂或落水洞时，地表水将直接进入裂缝和落水洞内，极易引起坡体垮塌。隧道洞口边仰坡部分位置由于地势陡峭往往较难到达，或存在植被发育遮挡等情况，运营阶段不能因此放松对坡体的检查，必要时可增加踏步、清理植被以便于开展日常检查工作。洞口边仰坡滑塌见图2-62。

图2-61 洞顶截水沟损坏、失效

图2-62 洞口边仰坡滑塌

57. 运营公路隧道洞门墙易产生哪些病害？影响因素有哪些？

答：公路隧道洞门墙技术状况对运营安全影响更为直接，在养护阶段需重点关注。《公路隧道养护技术规范》（JTG H12—2015）在技术状况评定中规定，当洞门分项技术状况值评定为3或4时,公路隧道的土建结构技术状况应直接评定为4类或5类,足见其危害程度。运营公路隧道洞门墙易产生的病害主要表现为:

(1)洞门墙开裂、错台。洞门墙开裂(图2-63)、错台(图2-64)是最常见的病害,这种病害产生的主要原因分为三种:①基础的不均匀沉降。洞门段明洞基础对地基承载力要求相对低,两侧洞门墙要求则相对高,就可能导致基础不均匀沉降;部分洞门段基础左、右两侧围岩不同,风化程度不同等因素导致其承载力存在明显差异,也会产生不均匀沉降。②墙体背后压力过大。洞门墙背后填土高度较大或仰坡围岩等压力导致墙体承受较大的推力,特别是在强降雨后,墙体易发生开裂、错台现象。③地形偏压。隧道洞口设置在地形偏压段时,偏压导致墙体受力更为复杂,也是墙体产生开裂、错台病害的原因之一。

图2-63 不均匀沉降导致墙体开裂

图2-64 墙体错台

(2)洞门墙发生移位、倾覆。洞门墙背后承受很大的推力,使墙体发生局部或整体移位,当移位不能控制时,最终会导致墙体倾覆,对运营安全造成极大风险。图2-65所示为局部墙体倾覆。图2-66所示为墙体移位,与明洞衬砌形成错台。

图2-65 局部墙体倾覆

图2-66 墙体移位,与明洞衬砌形成错台

(3)装饰材料掉落。部分洞门墙采用石材、板材等进行装饰,当装饰材料固定不牢固时会发生掉落现象,特别是在行车道的上方位置,危及运营安全。

58. 运营公路隧道路面开裂、隆起、错台现象是如何产生的?

答:近年来,我国部分运营公路隧道陆续出现了局部段落路面开裂、隆起、错台病害,部分还伴随检修道侧壁内倾现象,严重危及运营安全。剔除受地下水压影响的隧道后,对上百座类似病害隧道进行专项检查的结果显示:①出现问题的段落均位于软弱围岩段;②设计或施工原因导致隧底结构层(包括路面层、基层、仰拱回填层及仰拱结构等)厚度不足,多数段落未设置仰拱结构。

结合检查结果分析:隧底结构厚度不足,不能有效约束隧底软弱围岩产生的变形,使得隧底结构逐渐被破坏,最终发展为路面开裂、隆起、错台(图 2-67);多数段落未设置仰拱结构,导致衬砌拱脚位置横向约束不足,在上部、侧向围岩荷载下拱脚向隧道内发生横向移位,传递到检修道后挤压侧壁发生倾斜。

图 2-67 路面开裂、隆起、错台

59. 公路隧道预防性养护技术发展情况如何? 哪些土建措施属于预防性养护?

答:道路预防性养护在世界范围内已被接受并广泛应用,由于隧道结构特殊,且所处环境复杂,目前公路隧道预防性养护技术研究成果较少,不够系统和深入,总体发展缓慢。目前,国内部分省份针对公路隧道预防性养护技术开展了一些基础性工作,但在公路隧道土建预防性养护技术的理论研究、技术系统性总结方面仍有不足。

公路隧道预防性养护的理念是"预防为主,提前干预",通过较小的代价,延长隧道使用寿命,大大降低公路隧道全寿命周期养护成本,做到"花小钱,防大病"。通过调研、收集、归纳广大从业者对隧道土建预防性养护技术的认识,建议措施如下:

(1)在尚未出现病害时,对明显缺陷进行处治,防止病害发生。

(2)在病害发展初期对其及时进行处治,如轻微衬砌渗漏水处治、衬砌裂缝处治等。

(3)及时清除、修补衬砌上空鼓的内装饰(防火涂料)层。

(4)及时疏通、维修洞内排水系统,防止地下水富集造成路面翻水、衬砌渗漏水,甚至涌水等问题。

(5)及时维修洞口排水系统,包括洞顶截水沟、洞顶排水沟等,防止雨季发生边仰坡、洞口段衬砌病害等。

(6)及时清除洞口边仰坡上的危石、浮土;及时处治边仰坡上落水洞、裂缝等,防止掉落、垮塌产生风险。

(7)及时修复洞口挡土墙、洞门墙、护坡和减光设施等结构物的轻微损坏、开裂、变形等。

(8)重大级冰雪天气出现时,及时清除隧道边仰坡积雪、挂冰和洞口积雪,洞口清雪时应先清理洞内,再清理洞外。

(9)对出现冻胀、鼓裂等异常情况的寒区隧道,加强冻胀变形监测,必要时可采取电热网进行局部加热并通过钻孔植入保温导水管,以防止衬砌发生脱落现象。

(10)将隧道洞内路面纳入路面整体预防性养护项目中,根据现场实际情况采用路面灌缝、同步碎石封层、雾封层、稀浆封层、微表处、薄层罩面、就地热/冷再生等工艺,在路面仅表面功能衰减的情况下采取周期性养护措施。

(11)对锈蚀的预埋件及时除锈,对松动的预埋件及时采取稳固措施,以策安全。

以上列举的公路隧道土建预防性养护措施尚未涵盖全面,需要在养护工作中进一步总结。

60.公路隧道维修加固设计需关注哪些问题?

答:通过对以往工程实践进行总结,公路隧道维修加固设计需关注以下问题:

(1)应在掌握公路隧道建设期、运营期技术资料和检查资料的基础上,针对隧道病害情况、产生机理采取处治措施,达到恢复原设计使用功能的目的,同时还需要考虑公路隧道美观问题。

(2)公路隧道空间狭小,维修加固往往对运营产生较大影响,制订加固方案时应考虑这一问题,有条件时应尽量采取对交通影响小的方案。

(3)公路隧道维修加固施工风险大,加固设计应着重考虑安全保障问题,保证施工安全。

(4)应采用成熟工艺,施工材料、工艺与施工条件应紧密结合,可操作性强。

(5)公路隧道维修加固应结合病害程度、地质条件、加固方案等,考虑施工风险,制订应急预案,并配备相应的安全、救援等设施。

(6)公路隧道土建结构隐蔽工程多,机电系统故障全面排查困难,维修加固应遵循动态设计与信息化施工的原则,制订监测方案,通过监测反馈信息,优化设计或调整施工方案。

61. 公路隧道土建工程常见加固技术有哪些?

答:我国对公路隧道加固技术的归纳总结是全面、科学的,依据交通运输部颁布的《公路隧道加固技术规范》(JTG/T 5440—2018),公路隧道土建工程加固技术按部位可分为:

(1)洞口工程加固,包括洞门结构加固、洞口边仰坡加固、洞口安全影响区加固等。

(2)衬砌加固,包括粘贴纤维复合材料加固、粘贴钢板(带)加固、喷射混凝土加固、嵌入钢拱架加固、锚杆加固、套拱加固等。

(3)换拱加固,包括局部换拱加固和整体换拱加固。

(4)隧底加固,包括隧底结构加强、隧底地基加固和路面渗水处治等。

同时《公路隧道加固技术规范》(JTG/T 5440—2018)考虑部分病害和加固方法、工艺的特殊性又补充了以下几种加固技术的具体规定。

①注浆加固,包括围岩注浆加固、衬砌背后注浆加固等。

②渗漏水处治,包括止水法、导水法、喷射法、涂层法和降低水位法等。

③裂缝处治,包括表面封闭法和注射法。

④表面缺陷修补。

⑤冻害处治,包括隔热防冻法、加热防冻法和保温排水法等。

⑥震害加固,包括应急加固和永久加固。

⑦火灾病害加固。

⑧特殊地质地段隧道处治,包括膨胀岩、黄土、岩溶、采空区、含有害气体地层和腐蚀性地层等地段,引起病害的加固处治。

62. 公路隧道洞口工程加固有哪些注意事项? 可采取哪些措施?

答:洞口工程按组成可分为洞门结构、洞口边仰坡、洞口安全影响区等范围。洞门结构一般包括洞门墙、洞口翼墙、明洞、棚洞等;洞口边仰坡一般指隧道开挖洞口时,形成的洞口两侧边坡和洞顶仰坡;洞口安全影响区是指隧道洞顶边仰坡以上,存在落石、滚石、崩塌、滑坡、泥石流、雪崩、水害等现象,可能危及隧道洞口安全的区域。

(1)洞口工程加固注意事项。

洞口工程加固应根据洞口病害特征、地形、地质及环境等因素,遵循运营安全、环境协调、实用美观的原则,确定洞口加固方案,并注意以下问题:

①隧道洞口段是行车安全的重要位置,存在光过渡、横断面过渡等情况,加固后需保持洞口的整体和谐、美观,恢复洞口生态绿化,有益行车安全。洞门不采用反光、炫目的装饰材料,洞口工程加固后不影响洞口行车视距等。

②新增洞口明洞、棚洞等工程时,新增工程与原结构应合理衔接。

③应根据汇水量情况完善洞口工程防排水系统,截排水沟基础应置于稳定地层上,出水口应引入自然冲沟或路基边沟,不得冲刷隧道基础、路基坡面及桥涵锥坡等设施。

(2)洞门结构加固。

洞门结构加固应符合以下规定:

①洞门结构加固应根据病害特征、洞门形式确定加固方法,可按表2-19选用。

洞门结构加固方法一览表　　　　表2-19

病害特征	加固方法	备注
洞门墙墙体局部有裂缝,无明显发展,整体稳定;装饰板材局部劣化、剥落,可能会危及行车(人)安全	裂缝修补、装饰修复	
洞门墙墙体有竖、横、斜向裂缝,并有发展迹象;墙体局部有轻微沉陷或倾斜;墙面装饰板材大面积劣化、剥落,已危及行车(人)安全	基底加固、肋柱式扶墙、裂缝修补、装饰修复	
洞门墙墙体局部倾斜,整体稳定性较差;墙体有错台、开裂现象,有大量纵、斜向裂缝;局部可能有倾覆危险,已严重危及行车(人)安全	洞顶清方减载,洞门墙背注浆,基底加固、洞门正面锚固,设置抗滑桩,增大洞门墙截面,接长明洞、棚洞,裂缝修补,墙体局部更换	
洞门墙墙体严重倾斜,结构严重破坏,整体有倾覆危险;墙体大面积开裂、错台,已严重危及行车(人)安全;洞口被掩埋、洞门墙倒塌、洞口整体被破坏损毁,已无法通行	洞顶清方减载,洞口段地表注浆加固,接长明洞、棚洞,拆除、重建洞门	多发生在强烈地震后

②当洞门墙墙体有裂缝、渗漏水等轻微病害时,一般采取裂缝处治、墙体下部增设泄水孔、集中漏水点埋管引排、墙背注浆等措施。洞口渗水引排见图2-68。

③当墙体大面积开裂、错台、剥落时,应对墙体采取增大截面或拆除重建措施。增大截面加固时,墙体新增部分应采用现浇混凝土结构,混凝土强度等级不应低于C25,新旧结构间应植筋连接。局部拆除重建时,新建墙体应与既有墙体采用植筋等方式有效衔接。

④因冻胀引起洞门墙结构破损时,应采取防冻胀及防排水措施,并对破损处进行修复;重新施作的洞门墙通常采用钢筋混凝土结构,其基础应置于冻结线以下。

⑤因地基承载力不足导致洞门墙沉降、倾斜、开裂时,应对基底采取加固措施,通常采用注浆、树根桩、钢管桩等加固措施。洞口墙基础注浆加固见图2-69。

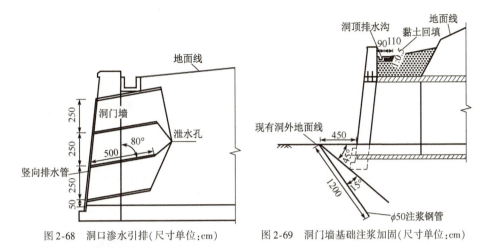

图 2-68　洞口渗水引排(尺寸单位:cm)　　图 2-69　洞门墙基础注浆加固(尺寸单位:cm)

(3) 洞口边仰坡加固。

洞口边仰坡加固包括坡面破损、局部垮塌和坡体失稳等病害的处治,并应符合以下规定:

①应根据坡体破坏原因、破坏程度、地质、地形及环境条件选择加固方法,可采用清方、坡面防护、挡土墙、坡体锚固、抗滑桩、接长明洞等措施。

②坡面防护可选择植物、圬工等防护形式,最好选用生态防护,局部受损坡面修复和加固后要采取措施与周边环境相协调。

③地震多发区的隧道洞口通常采取接长明洞、棚洞等措施,不宜设置重力式支挡结构物,洞口新建洞门墙通常采用轻型钢筋混凝土结构。

④隧道洞口接长明洞或棚洞时,长度不宜小于 5m,长度过小处治效果不明显,同时也不利于洞口的纵向稳定。洞口接长棚洞见图 2-70。

图 2-70　洞口接长棚洞

(4) 洞口安全影响区加固。

洞口安全影响区加固包括落石、滚石、崩塌、滑坡、泥石流、雪崩、风吹雪、水害等危及洞口安全的病害处治,相应的加固方法可按表 2-20 选用,部分加固方法见图 2-71 ~ 图 2-74。

洞口安全影响区加固方法　　　　　　　　　　表2-20

危及洞口安全的因素	加 固 方 法
落石、滚石	清除危石(危石加固),设置主动防护网,被动防护网,拦石墙,隔离沟,接长明洞、棚洞
崩塌	清除崩塌体,设置主动防护网,被动防护网,拦石墙,隔离沟,预应力锚索,接长明洞、棚洞
滑坡	清方减载、反压护坡、抗滑桩、预应力锚索
泥石流	泥石流渡槽,导流槽,挡墙,接长明洞、棚洞
雪崩、风吹雪	洞口防雪棚,防护墙,接长明洞、棚洞
水害	拦水墙、修复洞口排水系统、改沟、防护

图2-71　被动防护网

图2-72　主动防护网

图2-73　带防护网棚洞

图2-74　半圆形防雪棚

当隧道洞口存在风吹雪现象影响行车安全时,通常设置防雪棚、防雪板等,防雪棚应符合下列要求：

①防雪棚应根据洞口地形、风向、积雪厚度确定合理的设置长度。
②防雪棚结构应考虑承受雪荷载的作用,可采用钢筋混凝土结构、钢结构。
③防雪棚上部宜采用半圆形或斜坡状。

63. 公路隧道衬砌加固常见方法有哪些？

答：衬砌加固是以衬砌混凝土作为加固对象,采取增大截面、增设补强材料等工程措施,提高衬砌结构承载能力的方法。衬砌加固主要采用粘贴纤维复合材、粘贴钢板(钢带)、喷射混凝土、套拱加固、锚杆加固等方法。通过降低围岩荷载或改善衬砌结构受力状态的加固方式(例如围岩注浆、衬砌背后注浆填充等措施)不属于衬砌加固。

(1) 粘贴纤维复合材法。

粘贴纤维复合材法是采用结构加固用胶黏剂,将纤维复合材粘贴于二次衬砌混凝土表面,充分发挥纤维复合材抗拉强度高的优点,通过两者的共同作用达到加固补强、改善受力性能的一种结构加固方法。该方法不能提高结构的刚度,主要用于衬砌由于受拉发生开裂,且裂缝处于稳定状态时的加固。

加固区的混凝土强度过低时,混凝土与纤维复合材的黏结强度高,受力后混凝土易发生脆性剥离破坏,造成纤维复合材不能充分发挥作用。因此,加固区的衬砌混凝土现场实测强度等级不得低于 C15,混凝土表面的正拉黏结强度不得低于 1.5MPa。

粘贴纤维复合材加固(图 2-75)具有施工速度快、占用空间小、粘贴质量易保证、施工工期短等优点,对于提高衬砌结构的完整性、控制二次衬砌混凝土受拉开裂有良好的作用。该方法的缺点是不耐高温、高湿环境,施工工艺要求较高,只适用于衬砌混凝土局部补强。

(2) 粘贴钢板(钢带)法。

粘贴钢板(钢带)法是在衬砌混凝土表面,用配置好的粘钢胶及锚栓将打磨好的钢板(钢带)与衬砌混凝土连接成一体。

粘贴钢板(钢带)法适用于衬砌局部存在掉块可能或衬砌混凝土强度、厚度不足,隧道净空富余量较小,原衬砌混凝土强度等级不低于 C20 的隧道结构加固。该方法分为外贴和内嵌两种形式,内嵌需凿槽,对原结构造成损伤,故无特殊要求时,通常采用外贴方式。

粘贴钢板(钢带)加固(图 2-76)具有占用空间小、重量轻、操作便利、施工周期短、施工质量易于控制等优点;其缺点是工程费用较高,对衬砌的承载能力提高有限。

(3) 喷射混凝土法。

喷射混凝土法是利用喷射机械将空气压缩,把按一定比例配制的混凝土拌合料高速喷射到衬砌结构上,并黏结成一体共同受力,从而达到加固补强的一种方法。

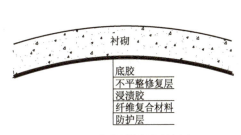

图 2-75　粘贴纤维复合材加固

图 2-76　粘贴钢板(钢带)加固

喷射混凝土法适用于衬砌局部裂损或厚度、强度不足时的衬砌加固。喷射混凝土应与钢筋网、植筋(锚杆)等配合使用。喷射混凝土施工工艺有干喷法和湿喷法两种,加固施工应采用湿喷法。

喷射混凝土加固(图 2-77)具有经济、快速、高效、质量可靠等优点,应用于应急抢险加固效果显著;其缺点是占用空间大、施工粉尘较大、材料回弹量大、施工后衬砌表面平整度不高等。

(4)套拱加固法。

套拱加固法是沿原衬砌表面增设拱形结构,使其与原衬砌形成共同承载体的加固方法。套拱加固法可以极大地提高隧道的承载能力,在隧道衬砌结构加强中是最有效的加固方式。同时由于可以在套拱和原有衬砌结构之间重新施作防排水系统,其对解决衬砌渗漏水问题效果显著。

套拱加固法适用于隧道结构裂损严重或衬砌大面积劣化、剥落时的衬砌加固,也可作为衬砌严重渗漏水的处治措施。

根据新增结构与既有衬砌的接触方式,套拱可分为叠合式套拱和分离式套拱。叠合式套拱是套拱混凝土与既有衬砌混凝土有效黏结,并采用凿毛和植筋等方式连为一体,达到结构加强的目的;分离式套拱是套拱混凝土与既有衬砌混凝土之间铺设防水板,实现结构加强的同时,可兼顾渗漏水处治。

套拱加固(图 2-78)具有加固效果好、施工质量易控制等优点,且是解决衬砌严重渗漏水最有效的方法;其缺点是投资大、施工时间长、造价高,且很可能导致"侵限"问题的发生。

图 2-77 喷射混凝土加固

图 2-78 套拱加固

(5)锚杆加固法。

锚杆是加固岩土体的杆件体系结构,通过纵向拉力作用克服岩土体抗拉能力远低于抗压能力的缺点,限制了岩土体脱离原体。实质上是锚杆位于岩土体内与岩土体形成一个新的复合体,这个复合体中的锚杆是提高围岩体抗拉能力的关键,从而使岩土体自身的承载能力大大加强。

锚杆加固法适用于地质条件适宜情况下衬砌开裂、错台等病害的加固,一般不单独使用,通常与喷射混凝土法、套拱加固法等方法配合使用。同时锚杆加固效果是否理想,地质条件很关键。严重湿陷性黄土、严重腐蚀等地段不适宜采用锚杆加固法,若采用,则一般要进行试验。其原因是,在严重湿陷性黄土地段,锚杆施作后锚固效果较差;在严重腐蚀地段易导致杆体腐蚀,防治有一定难度。

64. 关于衬砌渗漏水处治,有哪些经验和方法?

答:隧道衬砌渗漏水会加速混凝土的劣化,同时引起路面湿滑、衬砌挂冰等问题,会影响隧道内行车安全,对隧道内机电设备也会产生侵蚀破坏。所以隧道衬砌发生渗漏水时,应该引起足够的重视,尽早进行处治。

目前已进行衬砌渗漏水处治的公路隧道很多,工艺成熟。比如,对于一般渗漏水,通常采用"止水法""导水法""降低水位法"等,目前应用效果良好。但也有一些不成功的案例,分析认为主要存在四方面原因:第一是受认识水平限制,处治措施针对性不强;第二是较多养护与管理单位对于衬砌渗漏水处治的预算低,比如导水法中的"开槽埋管导水"(图2-79)工序价格低,往往导致施工不到位,完工后较短时间渗漏再次出现;第三是市场上防渗堵漏材料多样,性能参差不齐,使用性能不良的材料会使处治无效;第四是渗漏水施工作业技术性强,需精细作业,施工队伍素质往往达不到要求。

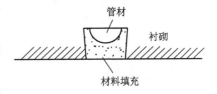

图2-79 开槽埋管导水

套拱加固、围岩注浆及衬砌背后空洞注浆都是处治严重渗漏水的有效措施。工程实践证明,套拱加固有条件重新设置防排水系统,治理严重渗漏水效果较好,但需考虑净空和造价问题。围岩注浆和衬砌背后空洞注浆对于抑制大面积、严重渗漏水病害有较好的作用,对于无防排水设施的隧道是适宜的;对于设置了防排水系统的隧道,注浆施工会破坏防水系统,堵塞排水系统,故要慎重采用。

总结以往衬砌渗漏水处治经验,应根据水文地质条件、渗漏水程度,并通常遵循"排堵结合、综合治理"的原则确定处治方案。当排水对环境影响较大时,比如存在隧道内排水对当地居民生活、生产有显著影响,影响隧道邻近水库蓄水等情况,应采取"以堵为主"的措施。公路隧道渗漏水处治要符合以下要求:

(1)衬砌渗漏水处治应结合其特征、状态选用一种或几种处治方法,具体见表2-21。

渗漏水处治方法 表2-21

方法	渗漏水状态			
	浸渗	滴漏	涌流	喷射
止水法	有条件适用	有条件适用	—	—
导水法	适用	适用	适用	适用
喷涂法	适用	适用	—	—
涂层法	有条件适用	有条件适用	—	—
围岩注浆、衬砌背后空洞注浆	—	适用	适用	适用
降低水位法(泄水孔、深埋水沟、边沟底钻孔、泄水洞等)	—	适用	适用	适用

（2）处治时有降水和排水需要，须先完成降水和排水工作，再进行衬砌渗漏水处治。

（3）结构仍在变形时需先进行结构处治，再进行渗漏水处治。若先进行渗漏水处治，结构的进一步变形可能导致渗漏水处治措施失效。

（4）衬砌渗漏水状态为浸渗、滴漏时，对于裂缝、施工缝、变形缝处，应根据情况采用导水法和止水法相结合的方法进行处治。

（5）渗漏水状态为涌流、喷射时，通常采用泄水孔或泄水洞与导水法相结合的方法进行处治。泄水孔和泄水洞分别见图2-80和图2-81。

图2-80　泄水孔　　　　　　　图2-81　泄水洞

（6）衬砌背后存在较大空洞时，根据需要采用衬砌背后空洞注浆进行处治。

（7）大面积、严重渗漏水通常采用降低水位法、围岩注浆、喷涂法（或涂层法）、导水法等相结合的方法进行处治，如果净空允许，也可采用套拱加固进行处治。

（8）当隧道穿越赋水断层破碎带或岩溶区，洞内出现涌水现象时，可将泄水洞法（图2-85）作为主要处治措施。

（9）对于寒区隧道，渗漏水处治应考虑保温或加热措施，避免冻胀导致处治措施失效。

65. 公路隧道水泥混凝土路面抗滑性能不足的原因有哪些？处治技术有哪些？

答：水泥混凝土路面具有强度高、稳定性好、使用年限长、防火性能优、夜间行车可视性好、施工期间空气污染小等诸多优点，在我国公路隧道尤其是长、特长隧道内应用较多。但在运营过程中，公路隧道水泥混凝土路面（图2-82）抗滑性能不足问题频繁出现，究其原因，除了水泥混凝土路面自身构造的原因外，还有以下原因：

（1）路面污染。由于隧道具有封闭性，汽车排放物、漏滴的机油和燃油、带进隧道的尘土等在隧道路面上形成油腻性薄膜层。

（2）路面磨耗。一是施工阶段往往刻槽深度不满足规范要求的构造深度；二是隧道为高速公路的瓶颈路段，车流密度增大导致车辆间行车干扰大，诱发车辆较频繁制动,在车轮磨耗作用下,路面抗滑性能衰减,特别是在隧道出入口段,"黑洞效应"和"白洞效应"使制动减速更为频繁。

图 2-82　公路隧道水泥混凝土路面

(3)路面潮湿。隧道结构渗水、路面翻水、车辆刹车鼓降温水及车辆带进隧道内的雨水等,使隧道路面久湿不干。路面潮湿时,水分与路面污染物相混合形成的水膜使轮胎与路面间产生润滑作用,导致附着系数下降,特别是水泥混凝土路面由于亲油性差,在隧道污染与潮湿的综合作用下,其附着系数可下降50%。

国内外隧道水泥混凝土路面防滑处治技术大致可分为复作防滑构造法和加铺罩面层法两大类。复作防滑构造法包括人工凿毛法、刻槽、抛丸法、酸蚀方法等,加铺罩面层法包括薄层抗滑材料铺装、微表处或 Novachip 超薄磨耗层、改性沥青混凝土(AC、SMA、OGFC)加铺罩面。近年来,国内改善公路隧道水泥混凝土路面抗滑性能的常用措施有精铣刨、高分子聚合物抗滑磨耗层、Novachip 超薄磨耗层、改性沥青混凝土加铺罩面等技术。具体如下:

(1)精铣刨。精铣刨通过一定深度的铣刨,去除水泥混凝土路面的部分浮浆,提高路面弹性模量,并采用铣刨机的传感器实现自动找平、自动控制铣刨深度,在原水泥混凝土路面上铣刨生成新的、具有细密纹理的水泥混凝土路面,从而提高路面抗滑性能。但由于施工未改变水泥混凝土本身的材料特性,故铣刨后路面抗滑性能衰减快。精铣刨的刨刀间距一般为 10~15mm,铣刨深度一般为 6~10mm。

(2)高分子聚合物抗滑磨耗层。高分子聚合物抗滑磨耗层是指在旧水泥混凝土路面喷涂或摊铺聚合物沥青、聚氨酯或环氧树脂等高分子黏结材料,再撒布耐磨性好、粒形好的集料(包括单级配集料或金刚砂等),经过自然养护形成 2~5mm 镶嵌结构的抗滑磨耗层。国内成熟产品包括各类彩色抗滑薄层、TIT 嵌固封层(可机械化施工)、沥青封层、精表处等技术。

(3)Novachip 超薄磨耗层。Novachip 超薄磨耗层是一种针对交通荷载大、路面性能要求高的新型道路的表面处理材料,主要应用于高等级沥青或水泥混凝土路面的预防性养护和一般病害的矫正性养护,也可以作为新建道路的表面磨耗层。Novachip 超薄磨耗层由具有超强黏结能力的 NovaBond 改性乳化沥青黏结层和高性能

BovaBinder 间断半开式级配改性热沥青混合料组成,通过特殊的工艺进行施工。

(4) 改性沥青混凝土加铺罩面。在旧水泥混凝土路面进行病害处理、拉毛等工艺后,加铺 3~5cm 厚的改性沥青混凝土罩面,热拌热铺工艺施工。

表 2-22 所示为 4 种隧道水泥混凝土路面维修改造方案比较。

隧道水泥混凝土路面维修改造方案比较表　　　表 2-22

方案类型	方案一	方案二	方案三	方案四
处治措施	精铣刨	高分子聚合物抗滑磨耗层	Novachip 超薄磨耗层	改性沥青混凝土加铺罩面
处治厚度(cm)	0.6~11	0.2~0.5	2~2.5	5
方案说明	采用精铣刨机组连续作业	采用聚氨酯或环氧树脂等高分子材料作为黏结材料,撒布坚硬高温陶瓷颗粒、金刚砂等耐磨集料	采用专用高黏改性乳化沥青和高性能改性沥青黏结料,专用摊铺机同步施工	间歇式厂拌和楼,按规定配合比高温拌和,摊铺、碾压成型
优点	有效防止行驶车辆横向打滑;有连续的纵向刻槽可形成微型纵向排水系统,可迅速排干路面积水,在长陡路段效果尤为明显;耐磨性好,行车导向性好	显著增加了路面与轮胎之间的摩阻力,有效提高路面抗滑性能;表面抗滑石料具有很强的耐磨性;可以通过选择石料的颜色和掺加颜料来改变路面颜色;厚度较小,一般厚度为 0.2~0.5cm,不增加路面高程	抗滑性能好,行车舒适,抗磨耗,工期短,开发交通早,能够改善平整度、降低路面行驶噪声,施工中不影响正常交通等	提高路面抗滑性能,提高平整度;施工工期短,开放交通早;工艺成熟,质量易于掌控
缺点	纵横向结合刻槽后形成的路面混凝土小块板角部分在轮胎的作用下容易损坏;纵向刻槽后路面纵向摩擦系数较小,车辆制动距离增大;接缝等部位易受铣刨作业影响造成损伤	施工工期较长,施工完成后不能立即开放交通;集料易磨耗脱落;造价较高	需要专用的施工材料和施工设备,工艺要求高;水泥混凝土反射裂缝无法避免	造价较高,接缝在车辆荷载作用下易反射,路面高程有所增加
使用年限(年)	1~2	2~3	3~5	5~7
造价(元/m²)	15~20	50~120	55~65	70~85

养护与管理单位可根据隧道水泥混凝土路面情况、交通情况、费用情况等因素，综合考虑确定处治方案。

66. 关于混凝土裂缝处治，现行规范有哪些规定？

答：根据《混凝土结构加固设计规范》（GB 50367—2013）的相关要求，模筑混凝土裂缝按其形成分为三类：静止裂缝、活动裂缝、尚在发展裂缝。结合地下工程的特点，可分别定义三种裂缝。

静止裂缝：形态、尺寸和数量均已稳定不再发展的裂缝。

活动裂缝：裂缝规模在现有环境和工作条件下始终不能保持稳定，易随着结构构件的受力、变形持续发展。

尚在发展裂缝：长度、宽度或数量尚在发展，但经历一段时间后可能会静止的裂缝。

《公路隧道加固技术规范》（JTG/T 5440—2018）中关于衬砌裂缝处治的含义，包括针对病害原因的处治和裂缝修补两方面。针对病害原因的处治是指对活动裂缝和尚在发展裂缝，结合病害产生原因，采取围岩注浆、衬砌加固、隧底加固、加强隧底结构等措施使裂缝停止发展。静止裂缝一般不采取工程措施。

裂缝修补则是结合裂缝的宽度采取相应方法。宽度不大于 0.2mm 的裂缝采用表面封闭法进行修补，宽度大于 0.2mm 的裂缝采用注射法进行修补（图 2-83）。

图 2-83 注射法修补裂缝

67. 公路隧道衬砌上是否必须喷涂防火涂料？

答：公路隧道内发生火灾不仅会对司乘人员的生命和财产造成巨大损失，也会对隧道结构及机电设施造成严重损伤、破坏，故通常在设计阶段考虑主动灭火和被动防火两种措施。在衬砌表面喷涂防火涂料就是一种被动防火的措施，可以在火灾发生后对衬砌结构形成一定的保护。

我国大量公路隧道衬砌表面喷涂了防火涂料，但在实际运营中防火涂料存在易脱落、易污染等问题,给养护与管理单位的养护工作造成了一定的困难和隐患。部分养护与管理单位对是否要在衬砌喷涂表面防火涂料问题产生了疑问,以下给予说明。

《公路隧道设计规范 第一册 土建工程》(JTG 3370.1—2018)、《公路隧道设计规范 第二册 交通工程与附属设施》(JTG D70/2—2014)等公路行业相关规范,没有明确要求进行公路隧道防火设计,无衬砌表面喷涂防火涂料的相关要求。

之所以有大量公路隧道衬砌表面喷涂防火涂料,是因为设计人员参考了相关规范,比如《城市道路工程设计规范》(CJJ 37—2012)第13.3.11条规定"隧道必须进行防火设计,其防火要求应符合现行国家标准《建筑设计防火规范》(GB 50016)的规定"。但这是对城市隧道提出防火设计要求,而非一般公路隧道。

综上,我们可以得出以下三个结论:

(1)隧道衬砌表面喷涂防火涂料,在火灾条件下对保护衬砌是有益的。

(2)没有相关规范明确要求公路隧道衬砌表面喷涂防火涂料,故防火涂料不是必需的。

(3)衬砌防火涂料对公路隧道养护工作造成困难和隐患时,从技术规范角度来讲,取消已设置的防火涂料是可行的。

68.运营公路隧道轮廓标、标线、立面标记有哪些常见问题?

答:运营公路隧道轮廓标、标线、立面标记常见的问题如下:

(1)轮廓标。①未在隧道侧壁和检修道边缘设置轮廓标,或仅在其中一处设置。②轮廓标仅能单向反(发)光,非双向轮廓标。③轮廓标脏污或反(发)光体脱落,反(发)光效果差。④轮廓标设置位置有误,设置间距过大,局部轮廓标脱落缺失,边墙处轮廓标安装过低或过高,诱导效果差。⑤轮廓标颜色错误,在高速、一级公路隧道,未按要求在行车方向左侧安装配有黄色反光体的轮廓标,右侧安装配有白色反光体的轮廓标;二级及以下公路隧道,未按行车方向左右两侧的轮廓标均为白色的要求设置。轮廓标常见问题见图2-84~图2-89。

图2-84 边墙轮廓标缺失

图2-85 检修道轮廓标缺失

图2-86 轮廓标颜色有误

图2-87 轮廓标反光体脱落

图2-88 轮廓标仅能单向反光

图2-89 轮廓标脏污

(2)标线。公路隧道常见的标线有车行道边缘线(图2-90)、车行道分界线(图2-91)、导流线(图2-92)、入口前停止线及联络通道处渠化标线,标线一般采用热熔型反光涂料。

图2-90 车行道边缘线

图2-91 车行道分界线

图2-92 导流线

公路隧道标线常见的问题(图2-93~图2-96)有:

①标线长度、宽度不满足规范要求,隧道内禁止跨越同向车行道分界线,在入口端向洞外延伸长度不足150m,在出口端向洞外延伸长度不足100m。

②标线疏于维护,存在磨损、脏污现象,可辨识性差。

③标线缺失,洞口联络通道未设置渠化标线。

④设置信号灯的隧道,入口前未设置停止线。

图 2-93　车行道分界线延伸不足

图 2-94　路面标线缺失

图 2-95　标线缺损

图 2-96　联络通道未设置渠化标线

（3）立面标记。公路隧道一般在隧道洞门、洞内紧急停车带的迎车面端部设置立面标记,立面标记设置从检修道顶面开始,有效高度为 2.5m,鼓励洞口全环设置。洞门立面标记见图 2-97。

图 2-97　洞门立面标记

公路隧道立面标记常见的问题有：

①立面标记未从检修道顶面开始，实际有效高度不足 2.5m。

②立面标记的黑黄线条安装朝向错误（图 2-98），未朝向洞口方向。

③立面标记受紫外线、降雨等影响，反光材料发生劣化、剥落等现象，未及时更换，诱导效果差，见图 2-99。

图 2-98　立面标记黑黄线条安装朝向错误　　　　图 2-99　立面标记劣化，反光效果差

69. 运营公路隧道交通标志有哪些常见问题？

答：运营公路隧道交通标志常见的问题具体如下：

（1）隧道信息标志。①信息标志设置位置与洞口距离过近（图 2-100）。②信息标志的版面与现行规范不符（图 2-101）。③信息标志信息与隧道实际情况不符。

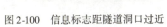

图 2-100　信息标志距隧道洞口过近　　　　图 2-101　信息标志版面与现行规范不符

（2）隧道开车灯标志。①开车灯标志缺失。②开车灯标志设置位置距隧道洞口过近。③隧道开车灯标志版面与现行规范不符。

（3）隧道限高、限速标志。①限高、限速标志设置位置距洞口过近（图 2-102）。②限高、限速值不规范，数值前后不统一（图 2-103）。

图 2-102　隧道限高限速标志距洞口过近

图 2-103　限速数值前后不统一

(4)紧急电话指示标志。①紧急电话指示标志缺失(图 2-104),安装位置有误(图 2-105),安装形式有误。②紧急电话指示标志积灰、破损、可识别性差、无指示功能。③紧急电话指示标志为电光标志时,未通电工作,指示标志不亮。

(5)消防设备指示标志。①消防设备指示标志设置位置有误,平贴于衬砌表面,仅能单面显示。②消防设备指示标志缺失(图 2-106)、积灰、破损、可识别性差、无指示功能。③消防设备指示标志为电光标志时,未通电工作,指示标志不亮(图 2-107)。

图 2-104　紧急电话指示标志缺失

图 2-105　紧急电话指示标志安装位置有误

图 2-106　消防设备指示标志缺失

图 2-107　消防设备指示标志不亮

(6)人行横通道指示标志。①人行横通道指示标志缺失(图2-108)、破损。②人行横通道指示标志安装位置有误(图2-109),未安装在人行横通道顶部。③人行横通道指示标志积灰,或者电光标志未通电工作,可识别性差,无指示功能。

图2-108　人行横通道指示标志缺失　　　图2-109　人行横通道指示标志安装位置有误

(7)车行横通道指示标志。①车行横通道指示标志缺失(图2-110)。②车行横通道指示标志安装位置有误(图2-111),未安装在车行横通道洞口右侧处。③车行横通道指示标志积灰、破损,或者电光标志未通电工作,可识别性差,无指示功能。

图2-110　车行横通道指示标志缺失　　　图2-111　车行横通道指示标志安装位置有误

(8)疏散指示标志。①长度大于500m的公路隧道未按规范要求设置疏散指示标志。②疏散指示标志仅单侧设置(图2-112),不符合规范要求在两侧边墙设置的规定。③疏散指示标志版面内容有误,比如未显示向两端疏散的距离值(图2-113)。④疏散指示标志积灰、破损,或者电光标志未通电工作,可识别性差,无指示功能。

(9)隧道出口距离预告标志。①特长隧道内未按规范要求设置隧道出口距离预告标志。②隧道出口距离预告标志设置位置有误(图2-114),如设置于隧道边墙处,侵入隧道建筑限界。③隧道出口距离预告标志积灰,可识别性差,无预告功能。

(10)紧急停车带标志。①公路隧道设有紧急停车带时,未设置紧急停车带未通电标志(图2-115)。②紧急停车带未通电标志安装位置有误,未设置在紧急停车带入口前5m左右，安装高度不足2.5m（图2-116）。③紧急停车带未通电标志积灰、破损，或者电光标志未通电不工作，可识别性差，指示功能降低。

图2-112 疏散指示标志仅单侧设置

图2-113 疏散指示标志无疏散距离值

图2-114 隧道出口距离预告标志设置位置有误

图2-115 紧急停车带标志缺失

图2-116 紧急停车带标志安装位置过低

（11）紧急停车带位置提示标志。①公路隧道设有紧急停车带时，未设置紧急停车带位置提示标志（图2-117）。②紧急停车带位置提示标志安装位置有误（图2-118），未设置在紧急停车带侧壁上，而是安装在紧急停车带迎车方向端部壁上。③紧急停车带位置提示标志积灰,可识别性差,提示功能降低。

图 2-117　紧急停车带位置提示标志缺失　　图 2-118　紧急停车带位置提示标志安装位置有误

第3篇 机电养护篇

70. 公路隧道机电设施的养护内容包括哪些?

答:《公路隧道养护技术规范》(JTG H12—2015)规定,机电设施的养护分为日常巡查、清洁维护、机电检修、专项工程、机电设施技术状况评定等内容。

(1)日常巡查(图3-1)。日常巡查是通过目测及其他信息化手段对机电设施外观和运行状态进行一般的巡视检查,并及时记录检查结果。高速公路应不少于每天1次,其他各级公路可按每1~3天1次的频率进行,极端天气和交通量增加较大时,应提高日常巡查的频率。

(2)清洁维护。清洁维护是对隧道机电设施的外观进行日常清洁,保持机电设施外观的干净、整洁。灯具清洁见图3-2。

图3-1 日常巡查   图3-2 灯具清洁

(3)机电检修(图3-3)。机电检修工作主要内容包括经常检修、定期检修和应急检修。经常检修频率为每1~3个月1次,定期检修频率为1年1次。应急检修是指公路隧道内或相关机电设施发生异常事件、重大事故或自然灾害后对机电设施进行的检查和维修。

(4)专项工程。专项工程是对机电设施进行集中性、系统性维修,使其满足原有技术标准,应根据设备运行状态启动。对整体技术状况为3类的机电设施或状况值为2的分项,宜实施专项工程,并应加强日常巡查;对整体技术状况为4类的机电设施或状况值为3的分项,应实施专项工程,加强日常巡查,并应采取交通管制措施。图3-4所示为隧道机电专项工程(风机更换)。

图3-3　机电检修

图3-4　隧道机电专项工程(风机更换)

(5)机电设施技术状况评定。机电设施技术状况评定应根据日常巡查、经常检修和定期检修资料,结合设备完好率统计,确定机电设施的技术状况等级。对评定划定的各类机电设施,分别采取不同的养护措施,具体见表3-1。

不同机电设施技术状况养护措施　　　　　表3-1

机电设施技术状况	养护措施
1类	正常养护
2类或者状况值评定为1的分项	正常养护,损坏设备及时修复
3类或者状况值评定为2的分项	宜实施专项工程,加强日常巡查
4类或者状况值评定为3的分项	应实施专项工程,加强日常巡查,并应采取交通管制措施

71. 公路隧道机电设施管养目标是什么？如何实现管养目标？

答:公路隧道机电设施管养目标是维持设施功能正常、保障通行安全。围绕这一目标需要多管齐下。总体来讲,要做到三点:制度健全并有效实施,专业养护队伍的配置和培养,专业养护仪器设备的配置。

(1)制度健全、有效实施。

①健全制度。根据法律、法规、上级制度、规范的相关要求,健全管理制度,明确隧道养护与管理各项工作规范和流程。完善资金保障制度,确保资金落实,设立专项应急与安全运行资金,进行有效管理和使用。在技术方面,编制养护手册,结合隧道情况,将设计文件、规范中的相关规定、要求具体化,便于养护与管理人员实施。

②开展检修及评定。根据《公路隧道养护技术规范》(JTG H12—2015)要求,按时、高效开展日常巡查、经常检修、定期检修与技术状况评定工作,根据需要及时开展应急检修、专项检查工作。按规范高质量完成检修及评定等工作,为机电设施养护工作提供依据。

③适时实施预防养护。对故障及时记录和维修,避免记录脱档,维护设施功能。如对于接地不满足要求、回路断路等问题,要及时处理,避免造成更大的问题。按规范要求的频率对隧道机电设施进行清洁维护工作,制订合理的维修保养计划,按需实施预防性养护措施,对运营过程中发生故障的机电设备及时进行维修,避免将"小病"熬成"大病"。

④及时开展维修工程。对机电设施进行集中性、系统性的维修,使其满足原有技术标准。对整体3类的机电设施或者状况值为2的分项,宜实施专项工程;对整体4类的机电设施或者状况值为3的分项,应实施专项工程。

⑤加强档案管理。收集建设期间的施工图、竣工图、产品使用说明书、交竣工验收等文件,以及运营期间维修改造资料等。对运营期间的管理资料加强整理归档,包括交通量统计、事故处理记录等。

⑥建立台账。依据规范及行业文件,按系统对关键机电设备进行归类,制定日、周、月检查表,按类别进行检查,不缺项。每月分析机电设备的完好率,对检查数据进行对比,建立相关台账。考虑设备的寿命,分析、总结哪个位置的设备故障率高,是否受温度、湿度、粉尘等影响,分析并提出改善措施,做到科学养护。

⑦加强风险防控及应急管理。加强风险源调查,进行安全监测及预警,编制风险辨识手册,建立风险动态监控机制。制订应急预案,定期组织演练,确保应急设备及救援队伍到位,加强多单位联动协调。

(2)专业养护队伍配置及培养。

配备专职隧道机电养护工程师和技术人员是隧道机电养护与管理的关键所在。专职人员对各种机电设施有基础知识储备,可实时掌握隧道机电技术状况,避免机电故障跟踪脱节。专业人员负责合理申报计划、采用"四新"技术、掌控工程进度、控制工程质量、节约养护经费。目前,一线公路隧道机电专职工程师普遍紧缺,除了对专业养护队伍进行配置外,还要加强对技术人员的机电业务培训,开阔其视野的同时,使其掌握新的技术、规范。

为了解决机电养护技术力量问题,一些养护与管理单位委托专业养护公司开展长周期机电养护与管理工作,较好地解决了这一问题。

(3)专业养护仪器设备配置。

机电系统故障率较高,但常规机电故障也易消除,养护与管理单位应配备相关检测设备,发现故障及时进行处治。通常配置的检修设备和工具有照度仪、风速仪、有害气体检测器、摇表、寻线仪、电笔、万用表、毛刷、抹布等,可以提高隧道的维护效率。

隧道养护与管理单位还应配置相应的养护机械设备,比如升降车。较先进的设备还有风机清洗装置、灯具清洁车等。

72. 公路隧道机电系统的主要功能有哪些?

答:公路隧道机电系统由照明、通风、监控、供配电、消防等设施组成,机电系统中各设施设置在隧道主洞、辅助通道、变电所、泵房等位置,主要实现净化空气、亮化环境、诱导监控、电力供应、报警灭火等功能。随着机电技术的发展和安全理念的深入,公路隧道机电系统逐渐从基础功能配置向体系化、智能化发展,其功能也在不断丰富和完善。不同隧道断面内机电设施的布设情况见图3-5。

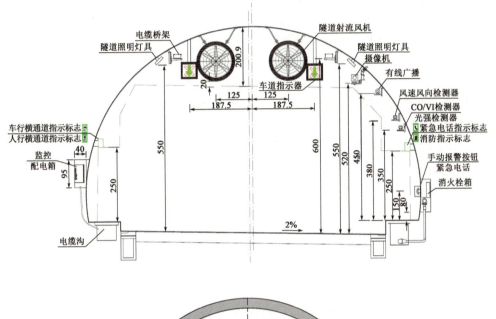

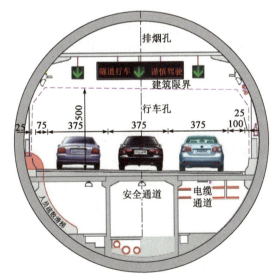

图3-5 不同隧道断面内机电设施的布设情况(尺寸单位:cm)

公路隧道机电系统的五个子系统各司其职又相互协调,在日常运营和紧急情况下分别发挥着不同的功能,共同为隧道运营保驾护航。

(1)隧道日常运营。

公路隧道机电系统在日常运营时可为驾驶员提供良好的通行环境,保障运营安全,其主要作用如下:

照明系统——消除进、出隧道时的"黑洞效应""白洞效应",优化车辆进出隧道的光线过渡;改善隧道内视觉环境,保证驾驶员在隧道内行车时,能在一倍停车视距处发现前方20cm×20cm标准的障碍物。

通风系统——车辆排放的CO、烟雾等污染物会在隧道内累积,通风设施可将污染物排出隧道,改善隧道空气环境,提高行车舒适性。

监控系统——主要通过采集隧道交通量、环境参数、视频语音等各种信号,经处理确认后远程控制外场设施,实现隧道运营的智能化管理。

数据采集可以完成电流、电压、CO浓度、能见度、风速、风向、交通量等参数的采集;视频监控设施可以通过隧道洞内外摄像机实时观察现场状况,在大屏投影系统上进行展示;交通诱导主要通过信号灯、车道指示器、可变信息标志、可变限速标志、各类电光标志实现交通流控制和指挥疏导;通话交互由洞内外电话广播实现,司乘人员可通过隧道紧急电话与监控中心取得联系。

供配电系统——为所有隧道日常用电设备提供电力保障,主要由外部电源、变压器和本地配电设施组成。

(2)隧道发生紧急情况。

公路隧道发生交通事故、火灾等紧急情况时,所有机电设施均能发挥作用,帮助受困人员逃生,便于应急救援工作开展。

照明系统——在紧急情况下开启所有照明灯具,提供最大的环境亮度,便于应急救援工作的开展和洞内受困人员逃生自救,当市电和发电机故障时提供应急照明。

通风系统——在火灾、交通事故等工况下,风机可起到通风、降温、排烟等作用。

监控系统——在紧急情况下,主要通过收集隧道视频图像、交通状况、污染气体浓度、有线电话报警等各种信息,经事故或火灾位置、规模确认后,利用灯具、情报板、信号灯、车道指示器等设施诱导控制交通,实现隧道运营的应急管理,进行应急处置、指引人员自救或逃生,避免二次事故。

供配电系统——保障隧道电力供应,当主回路断开时,启动第二路市电或发电机等备用回路供电。

消防系统——火灾探测器可探测隧道洞内及配电室等区域的火情,及时发出报警信号,提供自动灭火设施、水消防设施、灭火器等消防设施,防止事件扩大。

73. 公路隧道运营管理常用的软件有哪些?

答:隧道机电系统中设置了多种软件,主要包括系统软件、应用软件和工具软件三类。

系统软件是指控制和协调计算机及外部设备,支持应用软件开发和运行的系统,主要功能是调度、监控和维护计算机系统。它无须用户干预,负责管理计算机系统中各种独立的硬件,使它们可以协调工作。系统软件又根据布设场景不同,分为服务器操作系统、工作站操作系统、手持终端操作系统等。其中,服务器操作系统有 Windows Server、Netware、Unix、Linux 等类型,Windows Server 有 2000、2003、2008、2012、2016 等版本;工作站操作系统以 Windows XP/7/8/10 为主;手持终端操作系统现以 Android、iOS 为主。

应用软件主要是指各种机电系统的应用管理软件,主要有隧道机电各子系统软件、机电综合监控软件、养护与管理软件、能耗管控软件、综合管控软件等。其中隧道机电各子系统软件能够实现交通诱导、环境控制、场景观测、语音交互等职能,典型的隧道机电子系统软件有:

(1)隧道监控软件:重点完成隧道自动化控制、人工远程控制等业务,包括通风控制、照明控制、交通诱导控制等。

(2)情报板发布软件:实现隧道内外可变情报板、可变限速标志信息的发布。

(3)电力监控软件:实现高低压设备、回路信息的采集展示,实现安全用电远程监测。

(4)火灾报警软件:通过连接隧道内的火灾报警设备,以图形化的方式展示火灾传感器状态。

(5)视频监控软件:实现隧道内监控视频的管理和播放。

(6)紧急电话管理软件:通过软件平台显示紧急电话话机状态,接听电话。

(7)广播软件:管理和播放隧道广播节目内容,实现指定区域远程广播。

隧道机电综合监控软件将隧道机电各子系统、各管理部门进行集中协调、统一调度;养护与管理软件实现隧道机电设备巡检、养护、维修等全生命周期管理,从而实现精细化养护与管理,降低设备故障率,延长设备寿命;能耗管控软件侧重电力能耗的统计、分析和管控;综合管控软件是以上各类软件部分功能或全部功能的集合体。

工具软件是支撑各种软件开发与维护的软件,又称为软件开发环境,它主要包括环境数据库、各种接口软件和工具组。著名的软件开发环境有 IBM 公司的 WebSphere、微软公司的 Studio.NET 等。接口软件和工具组包括编译器、数据库管理、存储器格式化、文件系统管理、用户身份验证、驱动管理、网络连接、PLC 程序读写等方面的工具。

74. 公路隧道综合监控系统应有哪些功能?

答:公路隧道综合监控系统是整个隧道监控系统的大脑,对各分系统起到协同联动、统筹指挥、综合管控的功能。其对隧道两端出入口、隧道区间、管理中心等区域实行统一监控,能够改善隧道行车环境、提高隧道通行能力、高效处理突发事件、实现防灾和减灾。

公路隧道综合监控系统一般采用分级管理的模式(图 3-6),对所有机电监控设备进行统一协调和管理,具体实现以下功能:

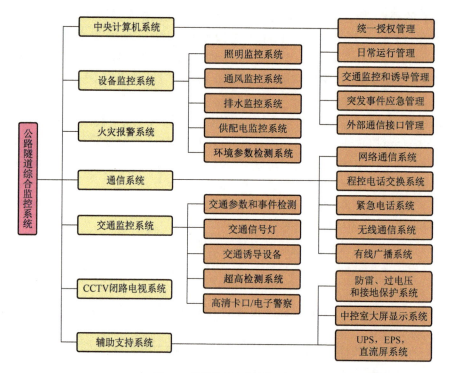

图 3-6　公路隧道综合监控系统

①接收各类设施上传的信息,包括数据信息、视频信息及语音信息。
②对各类设施上传的信息进行综合分析,并协调控制各类设施。
③以自动或手动方式执行预置在计算机内的控制方案。
④以数据、图形、图像等方式显示隧道内外的交通情况及设备的运行情况。
⑤自动完成数据备份、文档存储,方便进行查询、统计和形成报表。
⑥定时检测各设备的工作状态。
⑦与所属公路其他管理系统进行信息交换。

75. 与以往规范相比,现行规范对公路隧道机电设施主要有哪些新规定?

答:我国交通行业发展中,以往关于公路隧道机电设施的主要规范有《公路隧道通风照明设计规范》(JTJ 026.1—1999)、《公路隧道交通工程设计规范》(JTG/T D71—2004)等。为适应交通行业发展需要,对相关规范进行了修编,现行主要行业规范有《公路隧道设计规范　第二册　交通工程与附属设施》(JTG D70/2—2014)、《公路隧道照明设计细则》(JTG/T D70/2-01—2014)、《公路隧道通风设计细则》(JTG/T D70/2-02—2014)。

现行规范的调整主要贯彻了"安全、快捷、舒适、环保"的理念,借鉴、吸收了国内外相关标准及最新科技成果,并全面总结了以往我国公路隧道交通工程与附属设施建设、使用经验,主要在以下四个方面进行了较大调整。

(1) 调整了隧道交通工程与附属设施分级和设施配置要求。

与以往规范相比,一是分级标准细化,由四级调整为五级;二是强调了隧道长度指标,提出了 500m、1000m、3000m、6000m 等规模隧道的机电最低配置标准,更符合隧道运营管理的需要;三是由统一分级改为按设施分类进行分级,不同类设施设计年度取值不同,其分级有可能不同。

(2) 调整了部分隧道照明、通风、消防设计参数。

照明方面:《公路隧道通风照明设计规范》(JTJ 026.1—1999)规定,长度大于 100m 的隧道应设置照明,该规定考虑因素单一。现行规范考虑了自然光和车速等影响因素,对设置条件进行了分类和细化,并引入了"光学长隧道"的概念,能够"因隧制宜",采取更合理的照明方案。

现行《公路隧道照明设计细则》(JTG/T D70/2-01—2014)编制过程中,对国内公路隧道进行了广泛调研,对照明区段的亮度构成进行了调整。旧规范一个区段内采用同一亮度值,新规范将入口段等分为两段,第二段亮度值减半;将出口段也等分为两段,第一段亮度值为第二段的 3/5。同时考虑长大公路隧道中间段距离较长,驾驶员有充分的光适应时间,当车辆进入隧道后行车时间超过 135s 且仍处于中间段时,将单向交通长大公路隧道的中间段分为中间段 1 段和中间段 2 段,中间段 2 段照明亮度可适当降低。隧道亮度曲线见图 3-7。

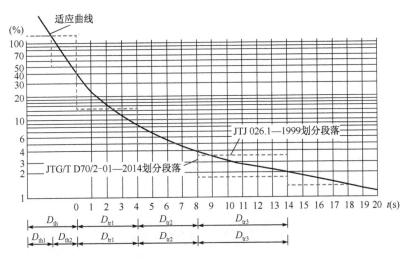

图 3-7 隧道亮度曲线图

D_{th}-入口段 TH 分段长度;D_{th1}、D_{th2}-入口段 TH1、TH2 分段长度;D_{tr1}、D_{tr2}、D_{tr3}-过渡段 TR1、TR2、TR3 分段长度

通风方面:《公路隧道通风照明设计规范》(JTJ 026.1—1999)规定,长度大于 1500m 且交通量较大的隧道应考虑排烟措施,该规定未考虑隧道所在公路的等级,规范执行时受设计者主观因素影响大。《公路隧道设计规范 第二册 交通工程与附属设施》(JTG D70/2—2014)则明确规定:长度 $L > 1000$m 的高速公路和一级公路隧

道,长度 $L>2000m$ 的二、三、四级公路隧道应设置火灾机械防烟与排烟系统。

消防方面:《公路隧道设计规范 第二册 交通工程与附属设施》(JTG D70/2—2014)明确了消防水池规模,提出了大断面隧道内的消火栓、灭火器、火灾自动报警设施等的配置方案,明确了在隧道两侧墙上设置疏散指示标志,提出了声光报警器的设置要求等。

(3)新增部分交通安全设施、监控设施设计要求。

与《公路隧道交通工程设计规范》(JTG/T D71—2004)相比,《公路隧道设计规范 第二册 交通工程与附属设施》(JTG/T D70/2—2014)对标志、标线和轮廓标进行了详细分类,并分别做出规定。标志方面,新增了开车灯标志、限宽标志、限速标志、隧道出口距离预告标志、紧急停车带指示标志等交通安全标志的设置要求;标线方面,新增了立面标记的相关技术参数;轮廓标方面,要求设置双向轮廓标,在隧道进出口位置可设置主动发光型轮廓标。

(4)强化了接地与防雷设计要求。

《公路隧道交通工程设计规范》(JTG/T D71—2004)对隧道接地系统要求较少,且对防雷部分未做具体规定。《公路隧道设计规范 第二册 交通工程与附属设施》(JTG D70/2—2014)中,将隧道接地与防雷设施进行了分类并提出具体要求,电源防雷器的分级与《建筑物电子信息系统防雷技术规范》(GB 50343—2012)的规定一致。

76. PLC在公路隧道集中控制中的作用主要有哪些?

答:以PLC(可编程逻辑控制器)为核心的公路隧道监控系统是隧道自动化的核心部分,是隧道监控高效、可靠、自动运行的关键。

随着计算机、网络通信、电子技术的飞速发展,PLC以其卓越的可靠性、抗干扰性,以及方便灵活的编程功能和应用,而越来越广泛地应用于工业控制和自动化领域,公路隧道监控系统也越来越广泛地采用PLC来实现全面监控。隧道监控系统中交通诱导控制、通风控制、照明控制、电力监控等子系统主要由PLC本地控制器(图3-8)来控制。

图3-8 PLC本地控制器

由图 3-9 可知,PLC 的主要作用有以下三点:

(1)收集区段内各设备的检测信息,对检测信息进行分析、处理和存储,并将信息上传至中央控制室计算机系统。即,通过设在隧道的工业控制以太光纤环网,将现场的 PLC 直接连接到该网络上,利用 PLC 网络技术来实现分布式采样。

(2)接收中央控制室计算机系统的信息或指令,对下端执行设备进行控制。

(3)当中央控制室计算机或通信线路发生故障时,应能按预设程序对现场设备实施控制。各采样单元可独立组成下位机系统,实现对隧道设备、交通状况的监控。

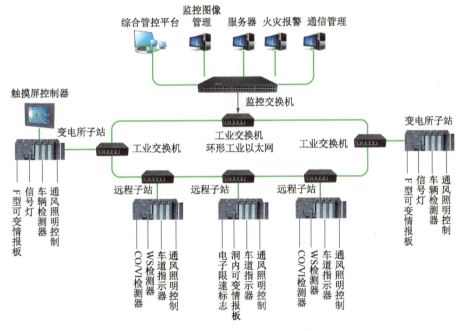

图 3-9 基于 PLC 的隧道监控系统图

77. 公路隧道机电养护管理系统主要功能有哪些?

答:公路隧道机电养护管理系统是通过人、作业、标准相结合的养护模式,基于云计算、大数据、物联网、移动互联网、人工智能等新技术建立的智能养护平台,实现养护的标准、高效、智能、协同管理。其主要功能如下:

(1)实现设备台账管理规范化。做到每台设备有编码、有位置、有作业痕迹信息、有作业标准规范。

(2)实现养护与管理作业标准化。完善和维护公路隧道机电设备各类养护与管理标准和作业规范,并将标准和规范利用系统落实到日常业务之中,以提升作业水平。

(3)实现养护与管理日志电子化。通过手机 App 扫描机电设备二维码或者电子标签,录入日常巡检、设备养护、检查核查数据,实现工作数据留痕。

(4)实现工单流转流程化。针对机电设备养护出现的整改工作、维修工作产生的工单,实现实时追踪和全生命周期管理。

(5)实现业务分析数据化。通过对业务中留存的各项数据进行深度分析,为养护与管理工作提供数据支持。

78. 公路隧道机电系统联动的作用是什么?具体流程是怎样的?

答:公路隧道不同于普通道路,隧道内一旦发生交通事故、车辆损坏等事件,极易造成交通阻塞,甚至造成严重后果。故公路隧道运营部门除了按需配备交通硬件设施外,还需要充分利用现有机电系统,增强智能联动控制措施,便于应对隧道突发事件和开展应急救援。

公路隧道机电系统的联动是通过采用动态预警方法对隧道路况进行分析预警、干预,避免问题的发生,或在问题发生后采取相应的联动处治方法及时遏制事态发展,避免后续问题的发生。监控平台通过设备接入层实现隧道内各类机电设备、各类通信协议的统一接入,实现统一管理,并实现设备的数据采集及通信。

公路隧道机电系统的联动主要通过信息采集、信息处理、信息的发布与控制三个步骤来实现,图3-10包含了目前常用的隧道机电设备间的联动流程。

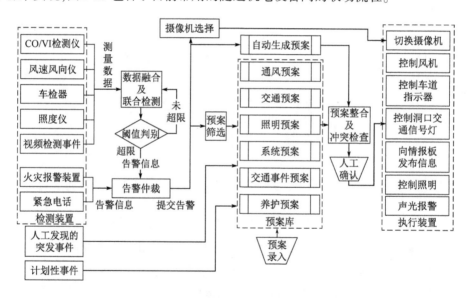

备注:
1. 告警信息:必须包含告警类型、告警级别、设备桩号。
2. 告警仲裁:对所有告警信息进行优先级判别、排队,选出首要的告警信息。
3. 预案整合及冲突检查:对自动生成的预案和预案库中筛选出的预案进行整合和冲突检验。

图3-10 隧道机电设备间的联动流程

以火警信号举例说明,接到报警信息后,射流风机开启控烟排烟,同时联动CCTV闭路电视系统、有线广播系统、交通信号灯、情报板、消防水泵等设备装置,自动执行控制。其中,CCTV闭路电视系统通过视频切换器自动切至着火点附近摄像机,并将图像推送至大屏幕显示系统上;有线广播系统能自动播放紧急疏散等相关内容;交通信号灯自动切换至红灯信号;情报板自动切换为相关火警通报内容;车行横通道卷帘门自动打开以方便人员疏散和逃生。

79. 现行规范对公路隧道机电设施的清洁维护是如何规定的?

答:公路隧道机电设施的清洁维护频率应根据养护等级、交通组成、污垢对机电设施功能的影响程度、清洁方式和环境条件等因素综合判断。一般来说,隧道交通量越大、污染越严重、机电设施越易脏污,清洁维护频率越高。相比其他公路结构物,隧道呈长管状,烟尘不易散发,因此其清洁维护频率相对要高一些。

(1)清洁维护频率。

《公路隧道养护技术规范》(JTG H12—2003)未对隧道清洁维护提出相关要求,《公路隧道养护技术规范》(JTG H12—2015)按机电各子系统和隧道养护等级,对隧道机电设施的养护频次进行了细致划分,见表3-2。

隧道机电设施养护频次划分表 表3-2

清洁项目	养护等级		
	一级	二级	三级
供配电设施	1次/月	1次/季度	1次/半年
照明设施	1次/季度	1次/半年	1次/年
通风设施	1次/2年	1次/3年	1次/4年
消防设施	1次/季度	1次/半年	1次/年
监控与通信设施	1次/季度	1次/半年	1次/年

(2)清洁维护内容。

清洁维护主要针对供配电设施、照明设施、通风设施、消防设施、监控与通信设施相关设备进行定期清洁维护。机电设施清洁维护(图3-11)应保持设备外观干净、整洁、无污垢,并保证机电设施完好。相关清洁设备见表3-3。

图3-11 隧道机电设施清洁维护

公路隧道机电设施清洁设备　　　　　　　　　表3-3

设施名称	设备名称
供配电设施	配变电所内电力设备、箱式变电站、外场配电箱、插座箱、控制箱
照明设施	隧道灯具、洞外路灯
通风设施	轴流风机、射流风机
消防设施	消火栓及水泵接合器、灭火器、火灾报警设施、水喷雾控制阀及喷头、气体灭火设施、电光标志等
监控与通信设施	各类检测仪、闭路电视、有线广播、紧急电话、横通道门、交通控制和诱导设施、控制器(箱)、光端机、交换机等

80. 机电系统中哪些设施的检测结果应尤为重视？

答：公路隧道机电系统技术状况检查中，部分分项的技术状况直接影响运营安全，检测结果应尤为重视，具体如下：

(1)供配电系统状况。供配电系统的稳定运行是支撑隧道机电设施工作的基础，其中，市电引自周边电网，具有不可控性，应着重检查其高压开关柜的工作状况；柴油发电机、UPS/EPS均为重要负荷提供电力支持，应正常工作；隧道内及变配电室的接地电阻为安全指标，应在规定范围内。

(2)洞内亮度及照明控制状况。各照明段亮度是关系驾驶员能否正常观察周边环境从而能否安全行驶的重要因素，而灯具损坏或表面灰尘覆盖等会直接影响洞内亮度的测量值，若洞内亮度偏小则直接影响行车安全。照明设施能远程控制、能根据洞外环境亮度或依据本地控制器预设的程序自动控制，是隧道自动化水平的体现，同时也对优化运行环境和节能降耗有重大意义。

(3)风机状况。风机净高是否在合理范围内，安装基础是否牢固，风机能否正常开启和关闭，风机控制运行方向和位置的准确性等，这些因素都直接影响风机工作，也影响火灾工况下洞内风机能否真正起到控烟作用。

(4)火灾报警、消防设施及疏散指示标志状况。火灾报警信号应在第一时间上传至监控室，接收信息后运营管理人员可尽快、合理处置现场险情，尽最大可能减少损失。洞内消火栓水量是否充足，水压测试结果是否满足要求，灭火器压力是否处于正常值等，关系到火灾工况下是否可以就地取水，这是第一时间将火情消灭在初级阶段的关键。隧道内六类电光标志(消防、电话、疏散、人行横通道、车行横通道、紧急停车带)工作正常，能够使司乘人员在光线较暗时，清楚辨认出指示内容，以便在紧急情况下快速与外界取得联系或开展自救，其检测结果也与隧道是否满足安全运行要求息息相关。

(5)隧道监控设施状况。隧道监控设施中的视频监控实时反馈隧道洞内交通状况，交通诱导设施能提示和控制交通流状态，电话广播对于灾情时上下位机交互和人员疏散作用显著,环境检测设备的可靠性是智能化控制的基础。这些监控设施的技术状况直接影响公路隧道的智能化管控水平。

81. 目前的隧道机电设施检测主要依据哪些规范?

答:隧道机电设施的检测主要分为两个方面,即验收检测和运营检测。

(1)验收检测方面,机电设施的产品质量抽检及安装前检测主要依据各类隧道机电设施的产品规范,如《高速公路 LED 可变信息标志》(GB/T 23828—2009)、《公路 LED 照明灯具》(JT/T 939)、《LED 车道控制标志》(JT/T 597—2022)等,产品检测从根源上保证了机电设备的质量能够符合行业规范;在养护工程完工后尚需进行交工检测,此时主要依据《公路工程竣(交)工验收办法实施细则》(交公路发〔2010〕65号)、《公路工程质量检验评定标准 第二册 机电工程》(JTG 2182—2020),公路工程质量检验评定应逐级进行,隧道机电设施的交工检测属于机电工程中的隧道机电分部工程。

(2)运营检测主要包括经常检查、定期检查及应急检查。运营检测是对机电设施进行的深度检查,能够全面地掌握隧道机电设施的实际运行状况,对接下来养护维修计划的提出及制订具有重要参考意义。经常检查是指通过步行目测或使用简单工具,对设施仪表读数、运转状态或损坏情况进行检查并对检查结果进行定性判断;定期检查是指通过专业检测仪器,对设施仪表读数、运转状态或损坏情况进行检查,并做出定性判断;应急检查是指发生异常事件、重大事故或自然灾害后对相关机电设施进行的检查。运营检测主要依据《公路隧道养护技术规范》(JTG H12—2015)的要求进行,若养护单位无法提供完整、有效的设备完好率统计数据,则可依照《国家公路网重点桥梁和隧道监测评价规程》(T/CECS G:E41-04—2019)中的相关规定,评定机电设施实施技术状况。

82. 公路隧道机电设施接地电阻的测量方法及影响因素有哪些?

答:公路隧道机电设施接地电阻的测量方法可分为电压电流表法、比率计法和电桥法。

影响接地电阻的因素有很多,包括接地极的大小、形状、数量、埋设深度、周围地理环境、土壤湿度、土壤质地等。在测接地电阻时,以下因素可能会造成接地电阻不准确:

(1)接地网周边土壤构成成分不一致,土质的紧密干湿程度不同,地表面存在杂散电流,特别是存在架空地线、地下水管等,对测试结果影响较大。解决方法是多次测量、取不同的点进行测量,取平均值。

(2)测试线固定方向不正确,距离偏短。解决的方法是严格遵照仪器说明书中同方向设置测试线的操作要求进行拉线,并达到规定的测试距离。

(3)辅助接地极电阻过大。解决的方法是在辅助接地极处泼水或使用降阻剂降低电流极的接地电阻。

接地电阻测试示意图如图3-12所示。

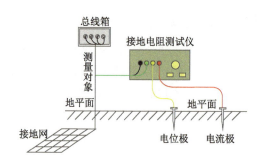

图3-12　接地电阻测试示意图

83. 公路隧道机电设施接地的重要作用是什么？有哪些相关规定？

答：长大公路隧道洞内外配备大量的机电设备，接地设施必不可少，且具有重要的作用。接地设施可在强电设备漏电时将外壳上的高压、静电传导至大地上，保护作业人员安全；接地设施可以将雷击电流引导入大地，保护设备；接地设施也可在部分强电设备工作时将弱电设备产生的严重干扰传导至大地，避免干扰信号耦合到其他设备。

相关规范对隧道洞内外接地设施的规定如下：

（1）洞内接地设施（图3-13）。

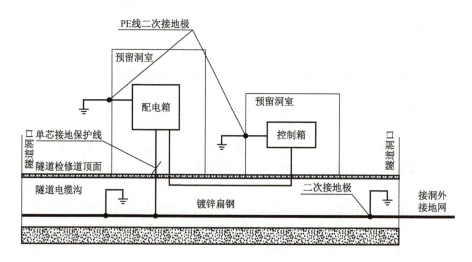

图3-13　洞内电缆沟接地干线示意图

①隧道接地设施尽量利用隧道支护内锚杆、钢筋网等自然接地体。

②在隧道两侧电缆沟内分别设置一条贯穿隧道的接地干线，接地干线与隧道自

然接地体重复接地,其重复接地间距通常不大于200m。

③在隧道两端洞口附近应各设置一组接地装置,并与隧道洞内的接地干线可靠连接。有监控设施的隧道,洞口接地装置接地电阻不应大于1Ω;无监控设施的隧道,洞口接地装置接地电阻不应大于4Ω。

(2)洞外接地设施(图3-14)。

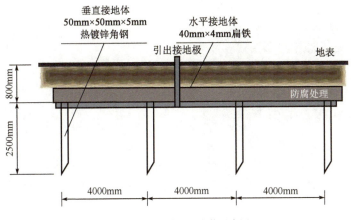

图3-14 洞外接地极安装示意图

①接地体一般为辐射状,防雷接地通常与其他接地分开设置,其电阻值不应大于10Ω;

②交直流工作接地、安全保护接地一般共用一组接地装置,其接地电阻值不应大于4Ω;

③洞外设备顶部安装接闪器保护时,可利用支撑设备的金属构件作为引下线,并与设备基础钢筋连接;

④金属线缆一般穿金属管或采用带屏蔽层的线缆埋地敷设,埋设深度不应小于0.7m,金属管应全线电气连通,屏蔽层或金属管两端应就近接地。

84. 如何利用常见仪器进行 UPS 蓄电池日常检测?

答:目前公路行业 UPS 系统中,大多采用阀控式密封免维护蓄电池。为实现 UPS 的不间断供电,需要细致地维护和保养蓄电池。UPS 蓄电池(图3-15)的状况可用蓄电池测量仪判断,但一般隧道养护与管理单位很少配备该仪器,常以万用表测试判断居多。日常检测方法如下:

(1)外观判断:观察外观有无变形、凸出、漏液、破裂炸开、烧焦,螺栓连接处有无氧化物渗出等异常情况,若有则判定电池老化。

(2)带载测量:若外观无异常,UPS 工作于电池模式下,带适量的负载,若放电时间明显短于正常放电时间,充电 8h 以后,仍不能恢复正常的备用时间,则判定电池老化。

(3)用万用表测量:①电池放电模式下测量电池组中各个电池端电压,若其中一个或多个电池端电压明显高于或低于标称电压(标称电压为12V/节),判断电池老化。②市电模式下测量电池组中各个电池端的充电电压,若其中一个或多个电池的充电电压明显高于或低于其他电池,则判定该电池老化。③测电池组的总电压:电池组总电压明显低于标称值,充电8h后仍不能恢复到正常值,或即使恢复到正常值也达不到正常放电时间,则判定电池老化。

图3-15 UPS蓄电池

85. 柴油发电机的日常检查保养包括哪些方面?

答:柴油发电机(图3-16)是重要的应急电源设备,若发电机组长时间不启动,建议一个月试车一次,运行时间在15min左右。机油的更换一般与机油滤清器(滤芯)同时进行,更换周期一般为一个月。需要注意的是,柴油机在低水温时油耗大、部件磨损大。启动以后,应慢慢增加负载,在水温正常后才能正常负荷。另外,柴油发电机在日常保养过程中还应满足以下要求:

图3-16 柴油发电机

(1)检查柴油发电机机油尺的油面是否在H和L之间,若低于L则应及时补充机油。

(2)风扇如有裂纹、变形或铆钉松动,应更换风扇,注意不能通过盘动风扇叶片的方法盘转发动机。

(3)皮带应松紧合适,油脂不能落在皮带上。皮带可以有小裂纹存在,但有交叉裂纹、撕裂或掉屑时应更换皮带。

(4)进气管路各卡箍连接应牢靠,软管连接处若有漏气则应立即修复。

(5)冷却液温度须低于50℃。勿在高温时打开水箱盖,以免造成人身伤害。也不能在高温时补充冷却液,以防骤然降温导致铸件产生裂纹。

(6)蓄电池外观应无污垢,接头无松动和锈蚀。

(7)不能向冷却系统中添加任何其他防锈剂、除垢剂、密封剂。

86. 箱式变电站检测过程中常见的问题有哪些?

答: 箱式变电站(图 3-17)检测过程中常见的问题如下:

图 3-17 箱式变电站

(1)散热不良,使绝缘设备加速老化。公路隧道箱式变电站一般结构紧凑,动力设备运行过程中会产生大量热量,如果其安装的风扇和通风百叶窗通风和散热处理达不到要求,在炎热天气条件下,很容易加速绝缘设备的老化。

(2)过载运行期间异常高温。箱式变电站的正常运行一般在额定容量的80%以内,超过该值将被视为过载操作。长时间过载运行会导致变压器动力设备温度升高,轻则损坏绝缘设备,重则容易造成短路故障,甚至发生起火、爆炸。

(3)安全防护措施不到位,造成事故。一般公路隧道箱式变电站中有许多开关柜,接线复杂,甚至还有一些裸露的带电铜排,开关柜可以打开。工作人员在维护和操作过程中容易因操作不当而发生触电等事故。因此,配电柜内的带电部分应采取有效的隔离措施。

(4)堵塞不充分带来安全隐患。箱式变电站底部有电缆入口孔和出口孔,在检测过程中,常见电缆在连接时插接不紧密、无封堵,不能有效防止湿气和异物进入。因此,电缆孔应密封,多余的电缆应盘绕并放置在下部空间。

(5)故障不能及时处理。隧道箱式变电站安装在室外,甚至偏僻地区,如无专人看守,则设备出现故障很难在第一时间处理,这可能会导致更严重的事故发生。因此,在箱式变电站的设计中应考虑自动控制功能,发生故障时应及时切断电源,并发出报警信号。

87. 公路隧道照明定期检查的重要性如何？应采取什么措施满足照明要求？

答: 公路隧道照明不同于一般道路照明,有其明显的特殊性和重要性,对隧道的交通安全起着至关重要的作用。车辆在晴好的白天接近并通过没有照明或照明不良的隧道时,驾驶人的视觉往往会出现"黑洞效应"和"白洞效应",对行车极为不利,而隧道照明设施的作用是为车辆及行人在隧道内的安全通行提供良好的条件。

目前,相当比例的运营公路隧道存在灯具故障、老化严重、光衰大等问题,导致洞内亮度不足、照明均匀度差等情况,尤其是一些运营年限较长的公路隧道或长大隧道问题更为突出,存在较大的行车安全隐患。而国内规范开展公路隧道照明设施定期检查工作的单位不多,养护与管理人员不清楚照明设施存在的严重问题,往往视而不见。公路隧道照明是隧道安全运营的重要保障。开展公路隧道照明系统的定期检查是维持隧洞内照明质量的主要核验手段,是开展照明系统养护计划的主要依据,同时可避免因照明质量不准引起的安全管理责任。

公路隧道洞内亮度及亮度均匀度是关系安全运营的重要参数,根据多年的检测经验,建议对新建或新改造的照明系统在运营 3 年后进行一次检测,之后每年进行一次检测。检测单位资质中应包含相关照明设施的检测参数,主要检测工具是照度计[图 3-18a)]和亮度计[图 3-18b)]。经检测,洞内亮度或亮度均匀度不合格的隧道,应尽快采取更换故障灯具、清洁照明灯具外壳、进行照明系统改造等措施,改善隧道洞内照明状况。

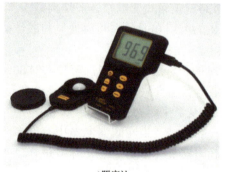 

a)照度计　　　　　　　　　　b)亮度计

图 3-18　隧道照明检测工具

88. 公路隧道消防系统验收时应对哪些项目进行检查？

答: 在公路隧道消防系统验收检查前,应安装调试完毕全部设备,使其处于正常工作状态。现场实测项目具体见表 3-4。

消防设施验收检查项目　　　　　表 3-4

项次	检查项目	技术要求	检查方法
1	加压设施气压	符合设计要求	读取气压表数据
2	供水设施水压	符合设计要求	读取水压表数据
3	消防水池的有效容量	符合设计要求	卷尺测量
4	消防水池的水位显示功能	应设置本地水位显示装置,并能将水位信息传送到隧道管理站计算机系统	功能验证
5	消火栓的功能	打开阀门后在规定的时间内达到规定的流量	功能验证
6	水成膜泡沫灭火装置的功能	符合设计要求	功能验证
7	电伴热的功能	符合设计要求	功能验证
8	人行横通道防火门的功能	正常情况为关闭状态,开启方向为疏散方向,能在门两侧开启,且具有自动关闭功能	功能验证
9	车行横通道防火卷帘的功能	能现场和远程控制卷帘的开闭,隧道管理站可监视卷帘的开闭状态	功能验证
10	火灾探测器与自动灭火设施的联动功能	符合设计要求	功能验证,或核查施工记录、历史记录

89. 用光时域反射仪进行公路隧道光纤日常检查时有哪些注意事项?

答:用光时域反射仪[OTDR,图 3-19a)]进行公路隧道光纤[图 3-19b)]日常检查时应注意以下事项。

(1)光纤质量的简单判别。正常情况下,OTDR 测试的光线曲线主体斜率基本一致,若某一段斜率较大,则表明此段衰减较大;若曲线主体为不规则形状,斜率起伏较大,弯曲或呈弧状,则表明光纤质量严重劣化。

(2)波长的选择和单双向测试。1550nm 波长测试距离更远,1550nm 比 1310nm 光纤对弯曲更敏感,1550nm 比 1310nm 单位长度衰减更小,1310nm 比 1550nm 的熔接或连接器损耗更高。在实际的光缆检查工作中,一般对两种波长都进行测试比较。对正增益现象和超过距离线路均进行双向测试分析计算,才能获得良好的测试结论。

(3)接头清洁。光纤活接头接入 OTDR 前,必须认真清洗,包括 OTDR 的输出接头和被测活接头,否则插入损耗太大,测量结果不可靠,曲线多噪声甚至使测量不能进行,还可能损坏 OTDR。避免用酒精以外的其他清洗剂或折射率匹配液,它们可使光纤连接器内的黏合剂溶解。

a)光时域反射仪

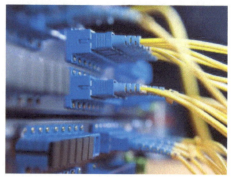
b)光纤

图 3-19　光时域反射仪与光纤

90. 公路隧道机电系统集中改造时应遵循哪些原则?

答:公路隧道机电系统集中改造时应遵循安全、系统,先进、兼容,经济适用等原则。

(1)安全、系统。

机电改造的安全性是第一原则,必须严格落实法律法规、标准规范的相关要求,使机电系统符合标准,功能完善、稳定。

机电系统集中改造应注重系统性原则。将专项工程、几个独立子系统的改造,机电系统与其他专业之间的改造统筹考虑,应与路线机电、隧道、交安、绿化、桥梁、路基路面等专业改造统筹规划。如进行火灾报警系统改造时,应考虑火灾报警系统和应急照明形成联动;路面"白改黑"后洞内亮度需求增加,应考虑照明系统是否满足要求。

(2)先进、兼容。

电子产品发展初期遵循摩尔定律,现在的运算速度已远超过去。机电系统受此影响显著,产品逐渐趋于微型化、精确化、智能化。

机电系统集中改造时,除按现行标准、规范核查方案外,还应选择市场主流技术和产品,保证系统的适度先进性,吸纳行业内或者相关行业的先进经验,积极采用"新技术、新工艺、新材料、新设备"技术。例如,高压钠灯在 20 世纪初的隧道照明中应用广泛,而在近十年 LED 灯具应用广泛,不仅降低能耗,也节约养护费用,业内均在积极使用;在摄像机、服务器、工作站、检测器、传感器、交换机、显示器等方面均应注意该类问题。

新旧设备应充分考虑兼容性问题,保证新旧设备硬件之间、软件之间或软硬件组合系统之间的相互协调工作。如数字信号与模拟信号、定阻与定压广播、光口与电口选择、高清改造的带宽与监控平台的运算能力是否匹配等问题。

(3) 经济适用。

机电系统改造的经济适用应从两方面考虑,第一是改造的方案问题,第二是设备性价比问题。

针对改造的方案问题,机电系统改造应结合自身特点,"因隧制宜"、分类施策,可对设备进行局部修复,也可以进行整体系统升级改造,主要从全生命周期角度考虑。

在实现安全性和先进性的前提下,达到较高的性价比以及经济的优化设计。设备选型和系统设计要在确保用户需求、系统集成要求的前提下具有良好的性价比。充分考虑各类产品的性价比,对关键性的产品应以性能的先进性为主要考虑因素,以提高系统的整体水平,对非关键性产品则以实用性为主。

参照国内外有关标准、规范和技术建议,汲取经验,进行标准化施工,提高工程的可靠性;采用的技术和设备应成熟、可靠、可操作性强,货源充足,备件齐全,易于维修和更换。

91. 公路隧道机电系统改造有哪些注意事项?

答: 与新建隧道机电系统不同,运营公路隧道机电系统的改造既受系统自身制约,又可能与交安、土建等专业发生交叉,而且机电系统点多面广,技术革新快,涉及内容多,同时,目前行业尚没有标准、规范对公路隧道机电系统改造工程的实施进行规范和指导,因而工程难度更大。公路隧道机电系统改造需要多措并举,建议从以下几方面着手。

(1) 完善档案、台账管理。

在公路隧道建设、运营、改造过程中,均应完善档案、台账管理,具体如下:

①公路隧道机电各项工程资料均应保存完善,包括设计、变更、竣工等所有图纸、资料,便于后期历史记录核查。

②日常机电设备历史台账应记录完整,应能反映隧道机电全部设施的数量、品牌、型号、规格等,为隧道机电系统改造工程提供数据支撑。

③建立好机电设施的历史故障记录,且避免由人员更换引起的故障记录脱节,便于判断故障发展演变过程。

(2) 重视机电设施专项检测、故障排查工作。

机电设施专项检测、故障排查工作是机电系统改造工程的重点工作,为项目申报和设计提供基础性技术资料,只有在翔实、完整的检测、排查基础上,才可能进行合理的项目申报和完成针对性改造设计。

但目前,养护与管理单位普遍不重视机电设施专项检测、故障排查工作,往往用定期检测报告和设计单位现场踏勘替代。定期检查仅能提供设施完好率统计,以及是否满足原设计或规范的结论性说明,未能明确设备种类、数量,未明确具体的故障类型、故障位置及故障原因等。设计单位的现场踏勘也仅能达到表面、感官性的认识,不具备深入排查的能力。

机电设施专项检测、故障排查工作是一项技术水平要求高、工作量大、细致程度高、针对性强的工作,它的良好完成能为设计工作提供翔实的技术支撑,从而对机电系统改造工程进行针对性设计,避免不必要的设备更换,实现最大限度的利用,有利于项目经济、高效地开展。所以,养护与管理单位应考虑相应经费,选择具备相应能力的检测单位进行专项检测、故障排查工作。

(3) 统筹规划专项工程。

机电系统改造计划申报阶段,应在机电设施专项检测、故障排查工作的基础上,进行系统性规划,避免专项工程申报工作中发生设备、费用漏项等情况,造成改造经费不足。专项工程规划人员应在申报直接机电工程费用以外,综合考虑管理、监理、前期工作、交通保畅、安全生产等费用。

笔者经历的一些隧道机电系统改造专项工程,就曾发生申报计划中漏记监理、检测、前期工作、交通保畅等费用的情况,导致工程规模缩减,改造工程未能达到预期效果。还有一些工程靠过分压缩设备单价进行招标,导致工程质量得不到保证或多次流标。

(4) 开展针对性设计。

公路隧道机电设施改造设计一般为一阶段设计,但如开展机电系统整体升级改造或首次采用系统集成技术等项目,应进行两阶段设计或者分阶段试点应用。设计工作的具体注意事项如下:

①公路隧道机电设施改造设计一定要有针对性,细化参数设计,注重兼容性。如部分地区具有海拔高、凝露重、雨雾及沙尘多、天气严寒等特点,均应开展有针对性的设计。

②公路隧道机电设施改造设计应与相关专项工程进行明确界面划分,如同期开展视频云联网、智慧高速时,应严格划分界面,避免重复设计或系统漏项。

③公路隧道机电设施改造设计应注重和相关专业的界面划分,并注重对相关专业的恢复性设计。如需要破除路面、凿除隧道二次衬砌、拆除护栏、桥上安装灯杆基础等,应和相关专业充分协调,完善设计。

④公路隧道机电设施改造设计应综合比选,更换系统时应有充分的理由,避免造成不必要的浪费。一些可以通过设备表面清洁、IP调试、简单上电恢复的故障,应积极在小修工程中实施。

⑤公路隧道机电设施改造应结合养护与管理单位的技术力量进行设计,如养护与管理单位的技术力量弱,专业化队伍配置不齐备,可重视完善隧道机电设施的基础性能和可靠性能设计。对一些需求迫切、技术力量强的养护与管理单位,可以适当应用行业前沿技术,进行探索性设计。

(5) 精心组织施工。

公路隧道机电系统改造工程施工需要精心组织、系统筹划，避免留下隐患，具体如下：

①对机电设施改造工程要系统性梳理、精细化实施。如新增摄像机需要根据业主的 IP 规划进行，应避免和其他设备冲突，造成不必要的监控中断或网络隐患。

②隧道机电施工中发现隐患要及时上报，如有电缆开裂、设备壳体漏电等隐患，及时报告并申请变更，或养护与管理单位实施专项改造修复工程。

③机电施工开展应与土建、交安的封道工序统筹进行，避免重复封闭，缩短改造窗口期。

④隧道机电施工应严格按图纸执行，采购合格的认证产品，提高终端设备的质量。

⑤隧道机电施工应规范操作，执行《公路隧道交通工程与附属设施施工技术规范》(JTG/T F72—2011)、《电气装置安装工程—电缆线路施工及验收标准》(GB 50168—2018)等规范，做好技术交底工作，重视细节。如对电线、光缆等均应粘贴清晰标签，移交标号表，线缆套管端头应封堵，设备数量应与实际相对应，接头工艺应防水、防尘且有必要的抗拖拽强度等。

92. 公路主体构筑物及交安、附属设施的折旧年限大致是多久？

答：依据现行《中华人民共和国企业所得税法实施条例》，参考财政部、交通部颁发的《高速公路公司财务管理办法》[财工字〔1997〕59 号]的规定，公路主体构筑物及交安、附属设施的参考折旧年限见表 3-5。

固定资产折旧年限表 表 3-5

序　号	固定资产分类	折旧年限（年）
一	公路及构筑物	
1	路基、桥梁、隧道	20～30
2	排水及挡防构造物	5～15
3	水泥混凝土路面	15～30
4	沥青混凝土路面	8～20
二	安全设施	
5	防护栏	10～20
6	道路照明设施	5～10
7	标志、标线	3～8
8	其他安全设施	8～15

续上表

序　号	固定资产分类	折旧年限(年)
三	通信设施	
9	通信线路	10~20
10	电源设备	6~8
11	通信设备	5~10
12	其他通信设施	5~8
四	监控设施	5~10
五	收费设施	5~8
六	机械设备	
13	通用机械设备	10~14
14	专用机械设备	8~12
15	其他机械设备	5~10
七	车辆	5~10
八	房屋及建筑物	
16	房屋	30~40
17	建筑物	15~25
九	其他设备	5~8

93. 什么是设备的使用时间？各类机电设备的允许使用年限一般是多久？

答：设备的使用时间是指设备从企业完成制造并正常出厂或投入使用起，提供有效服务的总时间，对一些要在现场构造的设备，从建成时开始计算。使用时间的确定应不受修理次数和修理时间的影响，使用时间的计算与实际使用次数、频率无关。

允许使用时间(年限)是指设备可以正常工作的最长使用时间，超过此值后应予报废。由于机电设备的使用环境和实际使用频率、方法不同，其允许使用时间可规定为一个范围，也可规定为一个定值。如果规定的允许使用时间是一个时间范围，当机电设备的使用时间超过此范围的上限时，应该停用报废；机电设备在恶劣的使用环境中工作，或较频繁地使用时，其允许使用时间可按情况在此范围中选定，达到规定允许使用时间后应停用报废。如果规定的允许使用时间是一定值，使用时间达到此值时，该机电设备应停用报废。

公路隧道机电设施种类多样，不同设施的使用环境、保护条件、养护措施、使用方法不同，其允许使用年限也存在差异，目前整个公路行业尚无系统化的明确规定。

对于机电系统中消防和报警设施，在水文、消防等行业已经有了部分明确的报废规定,隧道机电系统可以借鉴《水文基础设施及技术装备管理规范》(SL/T 415—2019)、《灭火器维修》(XF 95—2015)、《火灾探测报警产品的维修保养与报废》(GB 29837—2013)等标准。

对于机电系统中的电气设备,其允许使用年限包括机械寿命和电气寿命两种,整体允许使用年限取决于较短的一种。对于一些对安全特性要求较高的设施,已经有明确的报废年限或规范要求。

一些机电设备的允许使用年限没有相应的指导规范,经广泛统计调研,笔者根据其平均允许使用年限给出了大致年限或年限范围。隧道机电设备大致的允许使用年限如表3-6所示。

机电设备允许使用年限汇总表 表3-6

分部类别	设备设施	允许使用年限	备注
供配电设施	低压开关柜	20~30年	
	高压开关柜	20~30年	
	变压器、箱变、电力电缆、柴油发电机	20年	
	电子仪器仪表	10年	
	电容器、UPS蓄电池	3~5年	
	断路器	4000~6000次或20年	机械寿命
	接触器	100万次	机械寿命
照明设施	高压钠灯	16000h	
	LED灯具	50000h	
通风设施	射流风机	20年	
消防设施	火灾报警设施	12年	可燃气体探测器中气敏元件、光纤产品中激光器件的使用寿命不超过5年
	水泵、消防管道、电光标志	10年	
	灭火器	6~12年	强制报废年限
监控与通信设施	环境检测器	3年	
	摄像机	5年	
	大屏显示系统	7~9年	
	紧急电话及广播、PLC、可变标志、光缆	10年	

94.灭火器的报废条件有哪些?报废方式是什么?

答:灭火器报废有两方面要求,一是时间要求,二是技术状况要求,二者满足其一须报废。

(1)时间要求。《灭火器维修》(XF 95—2015)规定灭火器从出厂日期算起,达到如下年限的,应报废:

①水基型灭火器——6年;
②干粉灭火器——10年;
③洁净气体灭火器——10年;
④二氧化碳灭火器和储气瓶——12年。

(2)技术状况要求。检查发现灭火器有下列情况之一者,应报废:

①永久性标志模糊,无法识别;
②气瓶(筒体)被火烧过;
③气瓶(筒体)有严重变形;
④气瓶(筒体)外部涂层脱落面积大于气瓶(筒体)总面积的三分之一;
⑤气瓶(筒体)外表面、连接部位、底座有腐蚀的凹坑;
⑥气瓶(筒体)有锡焊、铜焊或补缀等修补痕迹;
⑦气瓶(筒体)内部有锈屑或内表面有腐蚀的凹坑;
⑧水基型灭火器筒体内部的防腐层失效;
⑨气瓶(筒体)的连接螺纹有损伤;
⑩气瓶(筒体)水压试验不符合要求(水压试验应按灭火器铭牌标志上规定的水压试验压力进行,水压试验时不应有泄漏、部件脱落、破裂和可见的宏观变形;二氧化碳灭火器钢瓶的残余变形率不应大于3%);
⑪不符合消防产品市场准入制度的;
⑫由不合法的维修机构维修过的;
⑬法律或法规明令禁止使用的。

95.火灾探测报警设施的报废要求有哪些?

答:火灾探测报警设施报废有两方面要求,一是时间要求,二是技术状况要求,二者满足其一须报废。

(1)时间要求。火灾探测报警产品的使用寿命一般不超过12年,可燃气体探测器中气敏元件、光纤产品中激光器件的使用寿命不超过5年。生产企业应在产品说明书中明确规定产品的预期使用寿命。

产品达到使用寿命时一般应报废。若继续使用,应对所有达到使用寿命的产品每年逐一按相关标准维修检测要求和接入复检要求进行检测,并进行系统性能测试,所有检测结果均应合格。并应每年抽取系统中的火灾探测器进行下述试验,合格后方可继续使用:

①点型感烟火灾探测器,抽取4只,按《点型感烟火灾探测器》(GB 4715—2005)进行SH1和SH2试验火的火灾灵敏度试验;

②点型感温火灾探测器,抽取 4 只,按《点型感温火灾探测器》(GB 4716—2005)进行响应时间和动作温度试验;

③缆式线型感温火灾探测器,抽取 2 只,按《线型感温火灾探测器》(GB 16280—2014)进行动作性能试验;

④线型感温火灾探测器,抽取 2 只,按《线型感温火灾探测器》(GB 16280—2014)进行动作性能试验;

⑤点型红外火焰探测器、图像型火灾探测器,抽取 4 只,按《特种火灾探测器》(GB 15631—2008)进行火灾灵敏度试验。

(2)技术状况要求。产品未达到使用寿命但符合下列条件时,应报废:

①产品不能正常工作,且无法进行维修;

②感烟类火灾探测器不能标定到生产企业规定的响应阈值范围内,且在《点型感烟火灾探测器》(GB 4715—2005)规定的 SH1 和 SH2 试验火结束前未响应;

③感温类火灾探测器在环境温度达到《点型感温火灾探测器》(GB 4716—2005)规定的该类型探测器响应时间上限值,或动作温度上限值时未响应;

④点型红外火焰探测器、图像型火灾探测器的火灾灵敏度不符合《特种火灾探测器》(GB 15631—2008)的要求。

96. 采取哪些措施可以有效降低公路隧道照明能耗?

答:在公路隧道机电系统中,照明负荷约占 30%,照明费用往往是隧道运营最大的开支。隧道照明亮度并非越高越安全,在不影响行车安全的前提下实现隧道照明节能,已经成为隧道运营管理的迫切需求。实践证明,通过细致分析隧道所处的地理位置、隧道规模、交通量大小等工程特点,合理选择设计参数,进行不同光源、布置形式等多种照明方案的全生命周期经济技术比较,有利于在安全的前提下实现隧道照明节能。具体措施如下:

(1)应用发光效率高、使用寿命长的照明灯具。公路隧道照明灯具一般选择发光效率高、使用寿命长的光源,光源的使用寿命不小于 10000h。目前,公路隧道采用的照明灯具种类有高压钠灯、LED 灯(图 3-20)、无极灯、荧光灯等,其中高压钠灯和 LED 灯发光效率高、使用寿命长,建议优先采用。

(2)降低隧道洞外亮度。隧道洞内加强照明的亮度取决于隧道洞外亮度,因此可以通过降低隧道洞外亮度的方式,降低对隧道洞内加强照明需求。具体措施如设置遮阳棚(图 3-21)、提高洞口段绿色植被覆盖率、控制路面亮度、降低洞外景物的表面亮度、合理选择洞门形式等,均能实现隧道照明节能。

(3)进行智能调光。按不同季节、不同天气、不同交通量化,调节隧道入口段、过渡段和出口段的亮度水平,使隧道内照明亮度自动适应洞外亮度的变化,从而使隧道照明更加科学合理,达到节能效果,如图 3-22 所示。

图3-20 使用发光效率高的LED灯具　　　　图3-21 设备遮阳棚减光

(4) 增加衬砌墙面亮度。衬砌墙面的反射与衬托作用在隧道照明中也非常重要。相同照度情况下,当衬砌墙面反射率达到0.7时,路面亮度可相对未装饰的隧道提高10%。因此,当路面两侧2m高范围内采用反射率高的装饰材料时,可在一定程度上降低隧道灯具照明需求,实现隧道节能,如图3-23所示。

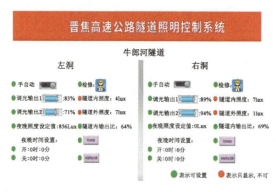 

图3-22 隧道智能调光系统　　　　图3-23 墙面铺设反射率高的材料

(5) 合理选定设计参数。公路隧道照明耗电量与照明设计紧密联系,设计值越高,灯具功率越大,耗电量越高。与照明设计有关的参数包括洞外亮度、养护系数、灯具光效、路面形式、衬砌墙面反射系数等。合理选定设计参数,有利于在保障行车安全的前提下科学地节能降耗。

①洞外亮度$L_{20}(s)$是照明设计中的一个关键参数。日本东京湾海底隧道曾于设计中做过详细比较,在其他条件(包括车速)相同时,如$L_{20}(s)$分别设定为$4000cd/m^2$和$6000cd/m^2$,则隧道前者较后者年耗电量减少30%。隧道前期设计一般按查表取值,存在一定误差。因此隧道建成或运营后,尤其当洞口山坡绿化或对结构物进行减光处理后,应对隧道洞外亮度进行实测校正。

②养护系数是表征隧道养护频次的一个参数,如由0.6提至0.7,灯具功率约可降低16.7%。

③灯具光效应与市场主流水平保持一致,如LED灯具光效水平近年提升显著,

光效已由应用初期的 90lm/W 提升至目前的 120lm/W,甚至更高水平,选择高光效的 LED 灯具能够有效降低照明能耗。

④混凝土路面比沥青路面的漫发射水平高,照明能耗可降低 1/3。

⑤特长公路隧道中间段可分为两段进行设计。如单向交通隧道以设计速度通过隧道的行车时间超过 135s 时,隧道中间段第二段照明可降低 20% 能耗;当采用连续光带布灯方式,或隧道衬砌墙面反射系数不小于 0.7 时,中间第二段照明最低可降低 50% 能耗。

97. 公路隧道内凝露会对机电设备造成不良影响,如何防治?

答:隧道外气温较高时,隧道内则相对凉爽,内外冷热空气交换容易引起隧道内出现凝露现象,以夏季最为突出。隧道内凝露引起的潮湿会降低机电设备的性能和使用寿命,甚至造成严重损坏,引发电气故障。图 3-24 所示为配电箱因凝露潮湿损坏,可通过安装加热器、加装除潮剂、加强通风、加装智能防凝露装置、提高设备防护等级、提高设备防腐性能、完善设备接头等进行防凝露处治。

图 3-24 配电箱因凝露潮湿损坏

(1)安装柜(箱)内加热器。 加装柜(箱)内加热器,使(箱)体内部的温度始终比柜(箱)外部的环境温度高 2~3℃,消除柜(箱)体内部产生凝露的条件,有效防止凝露产生。

(2)在柜(箱)体内装除潮剂。 在柜(箱)内部悬挂硅胶袋,或者是其他吸水材料,吸收凝露水。

(3)加强隧道通风。 利用公路隧道风机在洞外无雾气的情况下加强通风,可以有效缓解隧道内凝露现象。

(4)加装智能防凝露装置(图 3-25)。防凝露装置是利用半导体冷凝除湿技术,通过局部制造凝露条件使柜内潮湿空气凝结成水,通过硅胶软管直接排出柜外,可快速、有效地降低电气柜内空气湿度并抑制凝露现象的产生。

(5)提高设备防护等级。 隧道内控制箱、配电箱等设备,防护等级达到 IP65 级,能够有效防止凝露水进入,从而降低凝露对隧道机电设备造成的影响,保护设备。

(6)提高设备防腐性能。 隧道内控制箱、配电箱、电缆桥架等设备,通常采用冷轧或热轧钢制成,为防止凝露水使设备锈蚀,设备可采用铝合金、不锈钢等材料制成。

(7)完善设备接头。配电箱、控制箱、紧急电话等设备箱体常规采用打孔安装,封堵不严密时容易受潮,造成内部设备凝露损坏,采用防水接头(图3-26)能提高连接的可靠性,提高设备箱体的防水、防潮性能。电缆接头采用防水接线盒或者新型电缆接线器,能够提高接头稳定性,避免由潮湿导致的短路起火。

图3-25 配电柜内加装智能防凝露装置

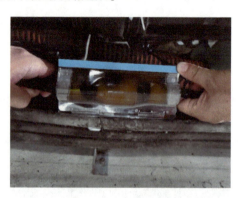
图3-26 采用防水接头

98. 公路隧道电力负荷是如何进行分级的?

答: 根据《供配电系统设计规范》(GB 50052—2009)的规定:电力负荷应根据对供电可靠性的要求及中断供电对人身安全、经济损失所造成的影响程度进行分级。

(1)中断供电将造成人身伤害、在经济上造成重大损失、影响重要用电单位正常工作的,应视为一级负荷。比如:消防水泵和排烟风机是火灾工况下重要的灭火及控烟设备,划分为一级负荷。

(2)在一级负荷中,当中断供电将造成人员伤亡或重大设备损坏或发生中毒、爆炸和火灾等情况的负荷,以及特别重要场所的不允许中断供电的负荷,应视为一级负荷中特别重要的负荷。比如:隧道应急照明设施、疏散指示标志、交通监控设施、通风及照明控制设施、紧急呼叫设施、火灾检测与报警设施、中央控制设施等属于不允许断电设备,划分为特别重要负荷。

(3)中断供电将在经济上造成较大损失、将影响较重要用电单位正常工作的,应视为二级负荷。比如:非应急的照明设施、通风风机、消防补水水泵等断电后会影响正常工况下的日常运营,划分为二级负荷。

(4)不属于一级和二级负荷的为三级负荷。根据《公路隧道设计规范 第二册 交通工程与附属设施》(JTG D70/2—2014)相关规定,其中一级*(特别重要负荷)负荷、一级负荷的重要性高,应保证双回路供电。图3-27所示为机电设施电力负荷分级金字塔。

图3-27　机电设施电力负荷分级金字塔图

99. 公路隧道应急电源有哪些种类？不同种类有哪些具体要求？

答：公路隧道应急电源主要采用UPS（不间断电源，图3-28）和EPS（消防应急电源，图3-29）。

图3-28　UPS

图3-29　EPS

（1）工作原理。

UPS：不论市电是否正常，它都一直由逆变器供电，即按照"市电输入—整流（充电）—逆变—输出"的程序进行，只有在逆变器故障时才改由旁路供电。

EPS：当有市电时，市电输出，同时充电器对电池充电。市电停电时逆变器工作，使切换开关切换至应急输出状态，向负载提供电能。

（2）使用对象。

UPS要求供电质量较高，对逆变切换时间、输出电压、频率稳定性、输出波形的纯正性等也有要求,用来保护用户设备或业务免受经济损失,主要用于强弱电机房、计算机、精密仪器仪表等隧道监控设施,不允许中断供电。

EPS主要用于隧道消防应急照明及消防电力设备等用电,强调持续供电功能,确保电力保障和消防联动的需要,紧急状态下提供逃生照明和消防应急用电,用于照明电源装置时,切换时间不应大于0.2s。

（3）应用方向。

UPS为保证供电质量选择逆变优先。UPS可以在线使用,出现故障可以及时报警并有市电做后备保障,使用方能及时发现故障并排除故障,不会造成更大的损失。

EPS为保证节能选择市电优先。EPS是离线使用,是最后一道供电保障,如果EPS在市电故障时不能通过蓄电池应急供电,将造成彻底断电。

100. 一般工况下,公路隧道风机如何控制?

答:对于风机的运营控制,一般工况下主要有定时开启和智能控制两种模式。

（1）定时开启。

该方案适用于交通特性明显,有明显交通峰值时间段的隧道,可在每天固定的交通峰值时段,风机开启固定时长,达到自动换气的目的。具体如下:

①交通峰值期,隧道污染浓度提高,隧道最小换气频率不应低于每小时3次。

②采用纵向通风的隧道,隧道换气风速不应低于1.5m/s。

③风机控制周期不宜小于10min。

④日常通风时,应首先启动累计运行时间最短的风机。

⑤当一次需要运行多组射流风机时,为避免多组风机同时启动导致电流太大对隧道供电设备造成冲击,每台风机应间隔启动,启动时间间隔不宜小于30s。

⑥当隧道交通量长期较小,风机只用于防排烟时,为防止隧道风机长期不运转而发生组件锈蚀导致故障,隧道风机也需要定期进行养护性开启,保证风机每次运转15min以上。

（2）智能控制。

智能控制主要是根据隧道内仪器探测的VI（能见度）、CO（一氧化碳）指标,按规范执行超标开启、合标关闭的方案。

①VI自动控制通风。

"烟尘设计浓度"表示烟尘对空气的污染程度,通过测定污染空气100m距离的烟尘光线透过率来确定,也称为100m透过率,为洞内能见度指标。

采用钠光源时,烟尘允许浓度K应按表3-7取值。

烟尘允许浓度K（钠光源） 表3-7

设计速度v_t(km/h)	$v_t \geq 90$	$60 \leq v_t < 90$	$50 \leq v_t < 60$	$30 < v_t < 50$	$v_t \leq 30$
烟尘允许浓度K(m^{-1})	0.0065	0.0070	0.0075	0.0090	0.0120

采用荧光灯、LED 灯等光源时,烟尘允许浓度按表 3-8 取值。

烟尘允许浓度 K（荧光灯、LED 灯等光源） 表 3-8

设计速度 v_t (km/h)	$v_t \geq 90$	$60 \leq v_t < 90$	$50 \leq v_t < 60$	$30 < v_t < 50$	$v_t \leq 30$
烟尘允许浓度 K (m^{-1})	0.0050	0.0060	0.0070	0.0075	0.0120

根据采用的光源和设计速度,即可得出隧道烟尘允许浓度。当隧道内进行养护维修作业时,隧道作业段空气的烟尘允许浓度不应大于 0.003m^{-1}。

以设计速度 80km/h、钠光源照明的隧道为例,烟尘允许浓度为 0.0070m^{-1}。当隧道左洞入口烟尘浓度超过 0.0070m^{-1} 时,隧道风机按控制预案自动启动,保证隧道换气风速不低于 1.5m/s。当隧道左洞入口烟尘浓度下降至 0.003m^{-1} 时,风机自动停止。

②CO 自动控制通风。

隧道内 CO 设计浓度应符合下列规定:

正常交通时,隧道内 CO 设计浓度可按表 3-9 取值。

CO 设 计 浓 度 表 3-9

隧道长度 L (m)	$L \leq 1000$	$1000 < L \leq 3000$	$L > 3000$
CO 浓度 (cm³/m³)	150	按线性内插法取值	100

注:单位 cm³/m³ 即为 ppm。

交通阻塞时,阻塞段的平均 CO 设计浓度取值 150cm³/m³。

隧道内进行养护维修作业时,作业段空气的 CO 允许浓度不应大于 30cm³/m³。

以某 1.16km 隧道为例,CO 超标自动控制原则:

按线性内插法计算,CO 允许浓度为 146cm³/m³,因此当隧道左洞入口 CO 浓度超过 146cm³/m³ 时,风机按控制预案自动启动,保证隧道换气风速不低于 1.5m/s;当隧道左洞入口 CO 浓度下降至 30cm³/m³ 时,隧道内开启的风机自动停止。

101. 火灾工况下,隧道火灾排烟应遵循哪些原则?

答:火灾工况下风机控制复杂,借助现场人工确认和视频监控联动等措施,避免形成二次事故。火灾时,风机控制方案应分安全疏散和灭火救援两个阶段进行。

(1) 纵向通风隧道。

采用纵向排烟的单洞双向交通隧道,火灾排烟应遵循下列原则:

①隧道内排烟方向和排烟风速应根据洞内火灾位置、交通情况、自然排烟条件、通风井设置情况等因素确定,应尽量缩短烟雾在隧道内的行程。

②火灾烟雾在隧道内的最大行程不宜大于 3000m。

③安全疏散阶段,纵向排烟风速不应大于 0.5m/s。根据隧道火灾试验结论,火灾发生后的 8～10min 以内,火场纵向气流上、下风方向 700m 范围内形成明显的烟气-空气分层结构,高温烟气层集中在拱顶,有利于司乘人员疏散,为保证安全疏散阶

段不破坏烟气-空气分层结构,起火点附近的气流流动速度不宜过大。

④灭火救援阶段,纵向排烟风速不应小于火灾临界风速。当隧道内风速大于火灾临界风速时,烟气沿隧道纵向呈单向流动,烟气流向下风方向的温度远远高于上风方向的温度,有利于消防队员安全地从隧道烟气流向的上风方向一端抵达火场进行灭火救援。

采用纵向排烟的单向交通隧道,火灾排烟应遵循下列原则:

①隧道内排烟方向应与隧道行车方向相同,烟雾应从隧道出口或就近排烟口排出。单向交通隧道发生火灾时,隧道的纵向排烟风速以控制烟气不发生回流为原则,可保证起火点上游区域无火灾烟雾,有利于隧道内人员通过横通道及隧道行车进口疏散逃生,起火点下游区域的机动车可安全驶离隧道。

②火灾烟雾在隧道内的最大行程不宜大于5000m。

③纵向排烟风速不应小于火灾临界风速,避免烟气回流,保障救援区的空气质量。

④起火点下风方向的横通道防火卷帘和防火门应关闭。单向交通隧道中的排烟方向与行车方向相同,关闭下风方向的横通道防火卷帘和防火门,可防止起火点下风方向区域烟雾通过横通道扩散至另一侧隧道。

(2)集中排烟的公路隧道。

采用排烟道集中排烟的公路隧道,火灾排烟设计应遵循下列原则:

①排烟分区可按隧道通风区段划分,且每个排烟分区的长度不应大于1000m。

②隧道内纵向风速不宜大于2.0m/s,排烟分区内不应出现烟气回流。

③采用横向和半横向通风方式的隧道应通过主风道排烟,烟气在隧道内蔓延长度不宜大于300m。

④每个排烟区段内应设置排烟口,排烟口纵向间距不宜小于60m。

⑤隧道内烟雾应通过沿隧道纵向布置的排烟口排出。排烟口应设置在隧道顶部或侧壁上部,排烟口可独立设置或与排风口合并设置。

⑥全横向通风系统转换为排烟系统时,起火点附近应停止送入新鲜空气;送风型半横向系统应转换为排风型半横向系统进行排烟。采用排烟道集中排烟的公路隧道,火灾烟雾通过隧道顶部或侧壁上部的排烟口排出隧道,可使滞留人员处于无烟环境。

根据日本实测试验的观察报告,为达到上述目的,隧道内纵向排烟速度需低于2.0m/s。当隧道内纵向风速较大时,烟雾和新鲜空气之间的剪流层就会垂直紊动,并快速冷却上层烟雾,使烟雾在整个隧道横断面上混合。但是,若隧道内纵向风速为0,在火灾发生后10min内,烟雾会以分层方式向火灾点的两侧扩散,从而给滞留在洞内的司乘人员带来危害。

102. 公路隧道风机开启有哪些注意事项?

答:公路隧道风机在不同状态下,所取得的效果也不相同,因此通过调试和正确操作,使隧道风机能够处于最佳状态是非常重要的。

(1)在隧道风机试车前,应认真阅读产品说明书,检查接线方法与接线图是否相符;应认真检查风机电源的工作电压是否符合要求,电源是否缺相或同相位,配电器元件的容量是否符合要求。

(2)试车时人数不少于两人,一人控制电源,一人观察风机运转情况,若发现异常现象应立即停机检查。首先要检查旋转方向是否正确;风机开始运转后,应立即检查各相运转电流是否平衡、电流是否超过额定电流;运转5min后,停机检查风机是否有异常现象,确认无异常现象再开机运转。

(3)风机允许全压启动或降压启动,但应注意,全压启动时的电流为5~7倍的额定电流,降压启动转矩与电压平方成正比,当电网容量不足时,应采用降压启动。

(4)双速风机试车时,应先启动低速,检查旋转方向是否正确;启动高速时必须待风机静止后再启动,以防高速反向旋转,引起开关跳闸及电机受损。

(5)当风机达到正常转速时,应测量风机输入电流是否正常,风机的运行电流不能超过其额定电流;若超过额定电流,应检查供给的电压是否正常。

(6)风机需要单次单台开启,避免一次开启多台,冲击供电系统,一般开启时间间隔不低于30s。

(7)隧道风机开启方向一般与行车方向或交通量较大的一个方向一致。

(8)养护与管理单位应联合有相应能力的单位对风机开启方案进行不断摸索,结合公路隧道自然风、交通特性、隧道纵坡等条件,探索最有利的通风模式。

103. 如何在满足通风要求的前提下实现通风系统节能降耗?

答:公路隧道通风的目的是把隧道内有害气体或污染物质的浓度降至允许范围内,使隧道内的空气质量保持良好,以保证汽车行驶的安全性和舒适性。由于通风系统开启时间或数量不足,隧道内空气质量和能见度达不到规范或设计要求。另外,也存在风机管理不科学,开启时间过长或数量过多造成能源浪费的情况。目前,在我国日益提倡可持续发展的大背景下,如何在满足通风要求的前提下实现通风系统节能降耗是我们需要考虑的问题。

(1)通过制订科学合理的通风方案,达到节能目的。

在公路隧道通风方案拟定时,合理预测隧道污染物排放量,计算得出隧道内各项污染物的浓度,并设置合理的污染物浓度控制标准,避免隧道通风系统的设备容量使用过大、投入的风机数量过多,造成能源浪费。

(2)通过优化风机控制方式,达到节能目的。

传统的公路隧道通风控制通常采用简单的分级式控制方式,运营时所开启的风机数量根据隧道的CO浓度和VI值来分别确定,没有把两者联系起来综合考虑,只是采用简单的下限值控制方式,既浪费能源,控制效果也不理想。采用智能控制方法可大大提高隧道通风控制的准确度,有效实现隧道通风的节能降耗。利用隧道洞内环境检测器采集的 CO 浓度、VI 值、风速风向,在必要位置加装一定数量的风速风向监测仪、温度传感器等仪器设备,采集相关数据,建立隧道通风控制的直观化模型,不断对模型进行优化计算,通过合理配置开启风机的数量、位置、方向,从而实现隧道通风的快速、准确控制。

(3)通过与照明系统有效配合,达到节能目的。

隧道照明系统和隧道通风系统不是相互独立的,它们也有着非常紧密的关系。如果隧道的照明亮度满足要求,有利于车辆快速通过隧道,有害气体的排放量就小,有利于隧道通风;相反,如果隧道的照明亮度不足并对行车产生不利影响,可能导致隧道内的车辆减慢速度,有害气体的产生量随之升高,降低隧道能见度,对隧道通风的需求就增加。所以在进行照明开启方案设置时,需要考虑对通风的影响,综合考虑各个因素,经过分析得到通风与照明的最佳组合方案,就可以实现节能降耗。

104. 公路隧道消防报审的工作有哪些?

答:根据《中共中央办公厅　国务院办公厅关于调整住房和城乡建设部职责机构编制的通知(2018 年 9 月 13 日)》文件,将公安部指导建设工程消防设计审查职责划入住房和城乡建设部。住房和城乡建设部颁布的《建设工程消防设计审查验收管理暂行规定》,自 2020 年 6 月 1 日起施行。依据该规定,国务院住房和城乡建设主管部门负责指导监督全国建设工程消防设计审查验收工作。县级以上地方人民政府住房和城乡建设主管部门依职责承担本行政区域内建设工程的消防设计审查、消防验收、备案和抽查工作。

建设单位申请消防设计审查,应当提交下列材料:
(1)消防设计审查申请表。
(2)消防设计文件。
(3)依法需要办理建设工程规划许可的,应当提交建设工程规划许可文件。
(4)依法需要批准的临时性建筑,应当提交批准文件。

建设单位申请消防验收,应当提交下列材料:
(1)消防验收申请表。
(2)工程竣工验收报告。
(3)涉及消防的建设工程竣工图纸。

105. 公路隧道火灾自动报警设施有哪些种类?各有哪些特点?如何应用?

答:随着火灾报警技术的发展,目前公路隧道洞内主要有点型火焰探测器、线型感温火灾探测器、图像型火灾探测器等不同形式的报警设施。点型火焰探测器的主要产品是双波长火焰探测器、三波长火焰探测器。线型感温火灾探测器主要有缆式线型感温探测器、分布式光纤感温探测器等。图像型火灾探测器是集视频图像、传输报警于一体的火灾自动报警设施,分为普通型和防爆型。

(1) 不同报警设施优劣分析。

点型火焰探测器(图 3-30)为点式分布,探测器以一定半径形成一个独立的保护区域,因此探测区域具有准确、独立的特点。线型感温火灾探测器(图 3-31)呈线状分布,探测区域为连续带状区域。图像型火灾探测器(图 3-32)是针对室外、隧道和室内高大空间的特殊需求而开发的工业等级火灾探测器。隧道常见火灾自动报警设施的优劣分析见表 3-10。

 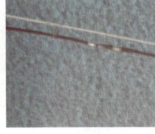 

图 3-30　点型火焰探测器　　　图 3-31　线型感温火灾探测器　　　图 3-32　图像型火灾探测器

隧道常见火灾自动报警设施优劣分析　　　表 3-10

报警类型	优势	劣势
点型火焰探测器	①灵敏度高,对火灾的反应速度较快; ②探测距离长,监视范围广	①探测器安装在隧道侧壁,需要经常清洁,通车后维护工作量大; ②对暗火不能探测; ③不能实时显示隧道温度; ④有遮挡时可能产生漏报
线型感温火灾探测器	①检测的是波长信号,精度和灵敏度高,长期稳定性好; ②使用光纤进行信号传输,抗电磁干扰,对环境适应性好; ③传感信号可远距离传输,数据采集的信噪比高,便于实现实时、在线检测; ④隧道内无电气设备,免维护; ⑤可实时显示隧道温度	①不能探测火灾早期烟雾; ②自然风速和高风速下的响应时间差别很大,高风速下需要较大的火灾才能触发报警; ③风速引起火灾定位飘移严重,且不同的风速差别不一; ④春、夏、秋、冬的环境温度变化对探测有一定的影响,使得系统的使用存在不确定性; ⑤环境敏感性强,容易误报; ⑥维护性能差
图像型火灾探测器	①烟雾火灾复合探测; ②火灾定位准确,风速和气流对火灾定位影响很小; ③视频图像可视化,实时显示报警事件及时间,准确定位报警位置	①探测器安装在隧道侧壁,需要经常清洁,通车后维护工作量大; ②不能实时显示隧道温度

（2）不同报警设施应用。

《火灾自动报警系统设计规范》（GB 50116—2013）规定，城市道路隧道、特长双向公路隧道和道路中的水底隧道，应同时采用线型光纤感温火灾探测器和点型红外火焰探测器（或图像型火灾探测器）；其他公路隧道应采用线型光纤感温火灾探测器或点型红外火焰探测器。

《公路隧道设计规范　第二册　交通工程与附属设施》（JTG D70/2—2014）提出隧道内宜选用点型火焰探测器、线型感温火灾探测器、图像型火灾探测器。火灾探测报警设施设计应注重仪器设备的灵敏度、准确性、实时性、可靠性。隧道内设置的火灾报警设备防护等级不应低于 IP65。

106. 山岭隧道高位水池选址困难时，可采取哪些方法完善水消防系统？

答：《消防给水及消火栓系统技术规范》（GB 50974—2014）中对高压消防给水系统的定义为："能始终保持满足水灭火设施所需的系统工作压力和流量，火灾时无须消防水泵直接加压的供水系统。"

目前，公路隧道消防系统一般采用建造高位水池形成常高压供水，同时为保证高位水池的高程及容积满足规范要求，其建造位置高程要高且地势平坦，地质结构稳定，给水管道设置要尽可能短。但部分隧址区由于地势陡峭、地形复杂，难以找到满足修建高位水池的合适位置，且现场施工困难、管道安装难度大、修建成本高等问题，导致修建高位水池供水方案不适宜。

目前，稳高压供水系统已广泛应用，它是利用取水设施将水引至低位水池，通过加压泵将低位水池流入的水直接加压供给隧道内消防管网，解决了部分隧址区不适宜修建高位水池的问题。同时稳高压供水系统工程造价低、系统稳定性好，有利于消防系统的运营维护，值得在山区公路隧道消防供水系统中推广应用。

另外，部分隧道高位水池年久失修、管道破损严重，失去维修价值，也可采取管道及低位水池利旧的方式，改造为稳高压供水系统；部分隧道干式消防向湿式消防转变过程中，也可以采用稳高压供水系统。稳高压供水设备见图3-33。

图3-33　稳高压供水设备

107. 稳高压供水系统在运营期的注意事项有哪些?

答: 稳高压供水系统(图 3-34)的消防给水管网中,平时由稳压设施保持系统中最不利点的水压满足灭火时的需要。在灭火时,由压力联动装置启动消防泵,使管网中最不利点的水压和流量达到灭火的要求。

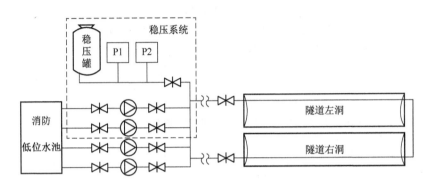

图 3-34 稳高压供水系统

稳高压供水系统包含消防水源、消防低位水池、稳压泵、隔膜气压罐、消防主泵、压力控制器及消防控制柜等设施,主要设施的作用和操作如下:

(1)稳压泵是在消火栓及消防水枪未开启的情况下,用于保持消火栓给水系统的压力稳定。

(2)隔膜气压罐内气体的压缩与膨胀,使系统压力在一定范围内缓慢变化,起缓冲作用,缓解了稳压泵的频繁启动。

(3)系统压力缓慢变化时,当消防系统压力值低于压力控制器所设置的下限值时,压力控制器将低压力信号传输至消防控制柜,由消防控制柜来控制稳压泵的启动,并对消防系统进行补水加压。当消防系统压力值达到压力控制器所设置的上限值时,压力控制器将信号传输至消防控制柜,消防控制柜将使稳压泵停止运行,如此循环往复。

(4)当隧道内发生火灾或利用消防水冲洗隧道时,消火栓与消防水枪开启后,系统压力变化快,稳压设施不能满足设定压力时,由消防控制柜开启消防主泵,以保证流出的水量与压力满足用水要求。消防主泵的启停有手动启停和自动启停两种模式。当消防控制柜处于自动状态时,监控中心工作人员可在监控软件上下发控制信号,控制消防主泵的启动与停止;当消防控制柜处于手动状态时,工作人员可以通过消防控制柜上的控制按钮来控制消防主泵的启停,也可以通过安装于消防箱上的启动按钮来控制消防主泵的启停。

公路隧道稳高压供水系统的稳定性依托于机电设备的稳定性,在设计、施工及运营维护等阶段需对所采用的机电设备高度重视,具体注意事项如下:

（1）设计时，需对高压水泵的机械性能及压力控制器、消防控制柜的控制性能等制定完整的技术指标要求。

（2）施工中，须严格按照设计技术指标要求进行设备采购，同时需对消防控制柜、压力控制器及其他重点设备进行相关检测。

（3）运营中，消防设施一旦出现漏水则影响极大，维护人员需定期检测设备的运行情况，设置漏水检测装置和漏水判断机制，保障设备的可靠性，降低人工检修的难度和工作强度。严格按照《公路隧道养护技术规范》（JTG H12—2015）、《消防给水及消火栓系统技术规范》（GB 50974—2014）等相关规范技术要求，加强日常巡检记录，出现问题及时记录和维修，做好消防稳压供水设施的经常检修及定期检修工作。

108. 寒区公路隧道的消防供水系统保温防冻措施有哪些？

答：公路隧道消防供水系统不使用时，消防给水管道内消防水流速为零，在寒区的冬季易冻结，因此要保证消防管网在寒冷的冬季中也能正常运行，以备发生火灾时能立即投入使用。隧道内消防管道应做好保温措施，以确保冬季时隧道内消防管网的正常运行；洞外埋地管道，受寒区冬季寒冷干燥的气候影响，容易冻裂，必须采取保温防冻措施；消防水池中的水在寒冷天气中容易结冰，应采取保温措施。

（1）管道保温方面。

对隧道消防管道进行保温防冻的措施有很多，目前使用较多的主要有管道保温防冻（图3-35）、填充防冻液防冻、电伴热系统防冻（图3-36）三种措施。洞外消防给水管、阀门防冻可采取棉、麻织物或稻草绳子等保温材料进行包扎，可起到一定的保温防冻效果；用防冻液充满系统管网，发生火灾时消防供水能正常使用；把伴热带缠绕在管道、阀门、泵体、储罐等器件上，通电后发热，达到保温目的。由表3-11可知，电伴热系统防冻措施效果最好，造价也最贵。

图3-35 管道保温防冻

图3-36 管道电伴热系统防冻

消防管道保温措施比较 表3-11

序号	比较项目	管道保温防冻	填充防冻液防冻	电伴热系统防冻
1	原理	最简单	简单	稍微复杂
2	操作	最容易	较容易	一般
3	造价	低廉	中等	稍贵
4	效果	差	一般	好

(2)水池保温方面。

消防水池的保温主要有两种：水池结构采取保温措施，可采用保温砂浆做保温抹灰；结构外采取保温措施，一般外裹塑料泡沫板以保温。如果是地下水池，则可以用覆土保温。

109. 公路隧道内广播系统如何设置？有哪些常见问题？有哪些改进建议？

答：公路隧道内广播可采用有线或者无线的方式，扬声器应设置在隧道出入口、车行横通道、人行横通道附近，并在隧道内间隔50m设置。有线广播应具备全呼及分组群呼功能、自动故障检测功能，其声学指标不低于《厅堂扩声系统设计规范》（GB 50371—2006）所规定的会议类扩声系统二级声学特性指标要求。

目前，公路隧道内广播系统在运营过程中存在较多问题。

(1)建设期扬声器安装间距过大或过小，造成广播音量偏小或混音。《公路隧道设计规范 第二册 交通工程与附属设施》（JTG D70/2—2014）中建议的50m设置间距为扬声器安装间距的经验值，实际应根据扬声器灵敏度、功率、现场情况等具体确定。如不考虑具体设备参数和现场情况，未经现场试验，全部采用推荐的安装间距，则会造成广播音量偏小或混音问题。

(2)功率放大器功率偏小，或接入扬声器负载偏多，造成广播声音失真、不清晰。若采用的功率放大器本身功率不高，所能驱动的扬声器功率相应也较低，广播音量必然不能达到较高使用要求。一般情况下，功率放大器设计负载为60%～80%，才能达到较好的使用效果，实际使用过程中往往接入的扬声器偏多，功率放大器长期满功率、满负荷运行，势必影响广播效果。

(3)隧道自身环境的影响，使得隧道内车辆噪声大、广播回音重。隧道为管状结构，部分隧道长度较大且采用水泥混凝土路面，隧道内行驶的货运车辆胎噪大、回音重，噪声反复叠加，消散时间长，影响声音效果，导致司乘人员难以听清广播内容。

综上所述，欲改善公路隧道内广播系统的使用现状，应从公路隧道的实际出发进行数据采集，具体改进建议如下：

①结合隧道现场情况，在广播扬声器（图3-37）的安装位置、设置间距、开口方

向、选择功率放大器、功率配比方面进行研究,合理采用大功率的功率放大器、定向广播扬声器,采取串音隔离措施。

图 3-37　广播扬声器

②在有条件的情况下进行现场模拟试验,采用合理有效的广播设备配置,优化功率放大器与扬声器的配比关系,使隧道广播提示内容更清晰。

110. 公路隧道内特殊灯光带的作用是什么?有哪些种类?

答: 公路隧道内特殊灯光带又叫隧道疲劳唤醒段,是在长大隧道内,通过植被、彩绘、灯光等构建的特殊景观段落来缓解驾驶人员长时间在隧道内行车带来的视觉疲劳,提高隧道行车安全性。公路隧道内特殊灯光带一般按照每 3~5km 设置一处,每处设置长度在 50~200m 之间。该方案为秦岭终南山隧道首创,之后隧道特殊灯光带技术不断发展,涌现了多种新技术,目前常见的特殊灯光带有五类。

(1)图案投影+植物组合景观带。

通过设置投光灯照明的方式,在灯头前增加固定的图案,形成整体景观效果。该方案可根据需求设定静止的图案制作成胶片,安装在灯头处,投射于拱顶,如需要更换图案,只需更换胶片即可。蓝色调可以营造静谧、冷峻的氛围,便于让驾驶员保持冷静,因此前期的环境塑造选择蓝色调。

包茂高速秦岭终南山隧道(图 3-38)和青银高速六盘山特长隧道(图 3-39)设计时,在特殊灯光带段落加宽了隧道净宽断面,摆放仿真乔木、仿真灌木、仿真花卉、人造草坪等景观设施。

(2)彩色图案喷涂景观带。

彩色图案喷涂景观带是指在景观段范围内设置 LED 泛光灯,灯光照射隧道拱顶或侧墙喷涂的彩色图案。图案可预订,如需变换图案则需更改拱顶喷涂。云南黄龙山隧道通过 3D 喷绘技术,在拱顶植入了蓝天白云的图案,两边的图案则展现了大理的人文历史和自然景观。隧道洞内的喷绘图画采用特殊的环保水性漆,具有耐腐蚀、防火、防水、防脱落等优点。喷涂彩色图案+泛光灯照明方案见图3-40。

图 3-38　秦岭终南山隧道特殊灯光带

图 3-39　六盘山特长隧道景观带

图 3-40　喷涂彩色图案+泛光灯照明方案

(3) 彩色灯光景观带。

彩色灯光景观带是指在隧道左右侧墙位置对称设置彩色条形灯、彩色圆形灯,组合形成彩色灯光段。侧墙上的条形彩色 LED 灯、圆形彩色 LED 灯,发光颜色可选。隧道内装采用单色涂装。

该方案的优点是投入较少、便于实现、养护方便;缺点在于刺激功能较弱,效果单一。彩色灯光景观带方案效果图见图 3-41。

(4) 变色温景观带。

隧道常规照明段通常采用的是白光 LED 灯具,在特殊灯光段将黄光 LED 灯具用作该段落的基本照明、应急照明。该方案通过灯具的色温变化来区别于常规照明段,灯具安装位置、设置间距与常规照明中间段一致,只在照明灯具中增加色温电源模块。

该方案的优点是投入最少、便于实现、养护方便;缺点在于刺激功能较弱,效果单一。变色温景观带方案效果图见图 3-42。

图 3-41　彩色灯光景观带方案效果图　　　　图 3-42　变色温景观带方案效果图

(5) LED 点光源像素矩阵景观带。

点光源是一种城市媒体的像素组成产品,其单点亮度高、产品规格丰富,可根据项目随意变换布灯间距和显示密度,多应用于大面积的图像显示工程。该产品具有单点可控、单点可更换的特点,单点损坏不影响其他灯具。该控制系统采用图像虚拟技术,可将硬件像素虚拟出 2~5 倍的视频像素,以达到视频效果。LED 点光源像素矩阵景观带方案(图 3-43)需增加二次网状附属结构或整装底板用于灯具安装。

图 3-43　LED 点光源像素矩阵景观带方案

该方案在新二郎山特长隧道首次使用,五女峰隧道、米仓山隧道等多地推广应用。该方案的优点在于效果逼真生动、动态可控,缺点在于一次性投资高、点光源清洁维护难度较大。

第4篇 运营管理篇

111. 养护与管理单位在接养新建公路隧道过程中应注意哪些事项？

答： 为了实现专业化、科学化的养护与管理，养护与管理单位在接养新建公路隧道的过程中，应从一开始就要重视技术文件的收集、技术工作的准备。具体如下：

(1) 建设期基础资料的移交，包括土建、机电、交安等施工图设计文件，竣工图，施工中的试验检测、监控量测以及交工资料，并建立好各项资料的清单档案。

(2) 建立隧道运营管理制度，对养护与管理责任进行界定，对机构进行设置，完成人员配置和应急救援设备及物资的配备。

(3) 完成隧道运营风险评估，对周边的应急资源进行调研，制订突发事件应急预案。

(4) 对于长大公路隧道，需结合实际情况编制养护手册。

(5) 掌握机电系统功能，包括机电设备操作说明书、日常运营管理和突发事件系统功能操作。

(6) 设计日常养护与管理中所需的技术表格，比如交通量、事故量、空气质量、机电设备的备品备件、土建结构的监测、通风系统的数据采集等所需的技术表格，有利于开展规范化、精细化管养。

112. 运营公路隧道环境特性有哪些？

答： 公路隧道内具有显著的环境特性，是影响车辆运营安全的主要因素，具体如下：

(1) 易产生"黑洞效应"和"白洞效应"。在天气晴朗的白天，由于洞内外环境亮度剧烈变化，人眼短时间内不能适应，往往在隧道进口产生"黑洞效应"，在隧道出口产生"白洞效应"。特别是隧道为东西朝向时，清晨或傍晚阳光直接射入隧道使驾驶员可能出现暂时性视觉障碍，难以发现障碍物，给行车带来风险。对于存在明显"黑洞效应"和"白洞效应"的洞口，管护与管理单位应积极采取遮光棚、绿化遮挡等减光措施进行防治，缩小洞内外亮度差。

(2) 公路隧道路面更易污染。公路隧道空间狭小、封闭，汽车尾气等物质在路面上容易形成油腻性薄膜层,使路面抗滑性能降低。同时薄膜层也严重污染路面标线,使路面标线与路面的亮度对比度下降,标线的诱导功能降低。

(3)隧道内潮湿问题突出。隧道内的潮湿是由结构的渗漏水、洞内外温差导致洞内产生的冷凝水、车辆刹车毂降温洒的水、车辆带进隧道内的雨水等引起的。隧道内潮湿往往导致隧道路面湿滑,从而降低行车安全性,使机电设备容易腐蚀老化等。

(4)隧道内照度不足和通风不良问题。基于经济、管理、运营时间等诸多因素,运营公路隧道往往存在照度不足和通风不良问题,这导致驾驶员在隧道内行车存在视觉障碍,影响驾驶员的判断,带来行车风险。

113. 运营公路隧道内车辆运行特性有哪些?

答:经过数据统计和总结,运营公路隧道内车辆运行具有一定的特性,具体如下:

(1)车速变化特性。车辆进入隧道时,行车速度一般有较大幅度下降,降幅平均约为15km/h;适应隧道行车环境后交通流速度又缓慢上升,但上升幅度较小;在接近隧道出口时,速度有较大幅度上升。白天驾驶员被明亮环境吸引,速度上升幅度较晚间大;在隧道出口处速度又有一定回落,特别是白天正午,受明适应的影响,回落幅度较大,而晚间的回落幅度较小。

(2)驾驶员适应特性。由于隧道内空间狭小、封闭,驾驶员在隧道内驾驶车辆运行时往往存在不适应空间限制的心理反应,大货车驾驶员更为明显,出事故概率也更大。同时隧道内亮度低,环境昏暗,驾驶员在长大隧道内长时间开车更容易疲劳。

(3)车辆性能要求特性。公路隧道一般地处山区,采用的技术标准往往较低,大纵坡、平曲线路段较多,行车环境复杂,对车辆性能要求较高。

114. 运营公路隧道事故特性有哪些?

答:经过数据统计和分析,运营公路隧道的事故具有一定的特性,具体如下:

(1)事故发生频率较高。统计数据显示,我国公路隧道内交通事故发生频率整体略高于隧道外路段。

(2)扩散快、救援难。隧道内空间狭小,发生事故后往往具有扩散快的特性,外部大型救援设备很难及时进入现场实施救援。

(3)火灾对隧道的运营安全威胁很大。由于隧道内空间狭小,火灾发生后,隧道内温度在较短时间即可急剧上升至800~1000℃,国际上一般认为隧道火灾救援的黄金时间只有8~10min,高温和烟雾是导致伤亡的主要因素。

(4)地处偏远,救援不及时。统计数据显示,隧道事故死亡人数中只有大约40%的人当场死亡,大约60%的人死于医院或者送医途中,这其中约30%的受伤者,是因为抢救不及时而死亡。

(5)事故发生时间段、空间范围相对集中。隧道内事故发生时间段相对集中,数据显示,隧道内白天交通事故的发生概率明显高于夜间,这与白天车流量更大有关;

灾害性天气条件下,事故发生率相对于正常天气明显增加。事故发生位置相对集中,隧道进出口段是事故发生的主要区段。

(6)事故类型及事故发生原因类似。公路隧道内事故主要表现为车辆追尾、车辆横向运动(侧滑、剐蹭、侧翻)以及火灾等。多数车辆火灾事故并非由交通事故引发的,而是由车辆电气系统故障、发动机过热、轮胎过热等原因造成车辆自身或者车上货物自燃引起的。

115. 影响公路隧道交通安全的因素有哪些?

答: 一般认为,影响公路隧道交通安全的因素主要包括人、车辆、道路、环境、养护与管理五个方面(图4-1),任何一起事故,都是一个因素或多个因素共同作用而成的结果。

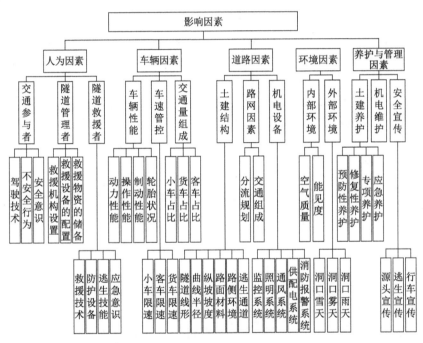

图4-1 公路隧道交通安全影响因素

(1)人为因素。人是交通安全的主导因素,交通安全关键在于人。根据我国事故统计数据分析发现,有80%以上的道路交通事故与人为因素密切相关。人为因素主要包括驾驶员违反交通法律法规和驾驶行为不当等。驾驶车辆的速度对事故发生的可能性及严重性也有着直接影响。

(2)车辆因素。车辆的技术性能,是影响道路交通安全的关键因素。在交通事故形态和原因研究中发现,车辆动力性能、操作性能、制动性能和轮胎状况均对交通事故存在不同程度的影响。

(3)道路因素。道路因素是影响交通安全的重要因素,涉及道路线形、视距、结构、路面条件、机电设备配置、交通安全设施、路侧环境等多个方面。

(4)环境因素。包括交通环境、空气质量、气候环境等。交通环境包括交通流组成、交通量和行驶速度等,在相同的道路条件下,交通流组成不同、交通量的大小不同会引起事故类型、事故发生率的变化;不良天气和隧道内空气质量也会对行驶车辆产生影响,特别是雨、雪、大雾等天气会对隧道进出口段环境产生影响。

(5)养护与管理因素。运营管理也是影响道路交通安全的重要因素,科学健全和统一高效的安全管理体制是减少或预防事故发生的必要条件,特别是对于特长隧道或隧道群的管理。

116. 公路隧道安全保护区范围如何规定?关于保护区有哪些具体规定?

答:《公路安全保护条例》(2011年)规定,公路隧道的安全保护区是指公路隧道上方和洞口外100m范围内的区域。关于保护区的具体规定如下:

(1)在公路隧道上方和洞口外100m范围内禁止从事采矿、采石、取土、爆破作业等危及公路隧道安全的活动;如在该范围内,因抢险、防汛需要修筑堤坝、压缩或者拓宽河床的,应当经省、自治区、直辖市人民政府交通运输主管部门会同行政主管部门或者流域管理机构批准,并采取安全防护措施方可进行。

(2)除按照国家有关规定设立的为车辆补充燃料的场所、设施外,禁止在公路隧道上方和洞口外100m范围内设立生产、储存、销售易燃、易爆、剧毒、放射性等危险物品的场所、设施。

117.《公路安全保护条例》对公路隧道的安全运行有哪些具体规定?

答:《公路安全保护条例》(2011年)针对公路隧道安全运行的具体规定如下:

(1)禁止利用公路隧道堆放物品、搭建设施以及铺设高压电线和输送易燃、易爆或者其他有毒有害气体、液体的管道。

(2)重要的公路隧道按照《中华人民共和国人民武装警察法》和国务院、中央军委的有关规定由中国人民武装警察部队守护。

(3)禁止损坏、擅自移动、涂改、遮挡公路隧道附属设施或者利用公路隧道附属设施架设管道、悬挂物品。

(4)利用公路隧道铺设电缆等设施时,建设单位应当向公路管理机构提出申请。

(5)超过公路隧道限载、限高、限宽、限长标准的车辆,不得在公路隧道行驶。

(6)公路隧道限载、限高、限宽、限长标准调整的,公路管理机构、公路经营企业应当及时变更限载、限高、限宽、限长标志;需要绕行的,还应当标明绕行路线。

(7)车辆载运不可解体物品,车货总体的外廓尺寸或者总质量超过公路隧道的限载、限高、限宽、限长标准,确需在公路隧道行驶的,从事运输的单位和个人应当向公路管理机构申请公路超限运输许可。

(8)公路管理机构在监督检查中发现车辆超过公路隧道的限载、限高、限宽、限长标准的,应当就近引导至固定超限检测站点进行处理。

(9)载运易燃、易爆、剧毒、放射性等危险物品的车辆,应当符合国家有关安全管理规定,并避免通过特长公路隧道;确需通过特长公路隧道的,负责审批易燃、易爆、剧毒、放射性等危险物品运输许可的机关应当提前将行驶时间、路线通知特长公路隧道的管理单位,并对在特长公路隧道行驶的车辆进行现场监管。

(10)车辆应当规范装载,装载物不得触地拖行。车辆装载物易掉落、遗洒或者飘散的,应当采取厢式密闭等有效防护措施方可在公路上行驶。

公路上行驶车辆的装载物掉落、遗洒或者飘散的,车辆驾驶人、押运人员应当及时采取措施处理;无法处理的,应当在掉落、遗洒或者飘散物来车方向适当距离外设置警示标志,并迅速报告公路管理机构或者公安机关交通管理部门。其他人员发现公路上有影响交通安全的障碍物时,也应当及时报告公路管理机构或者公安机关交通管理部门。公安机关交通管理部门应当责令改正车辆装载物掉落、遗洒、飘散等违法行为;公路管理机构、公路经营企业应当及时清除掉落、遗洒、飘散在公路上的障碍物。

车辆装载物掉落、遗洒、飘散后,车辆驾驶人、押运人员未及时采取措施处理,造成他人人身、财产损害的,道路运输企业、车辆驾驶人应当依法承担赔偿责任。

(11)公路管理机构、公路经营企业应当定期对公路隧道进行检测和评定,保证其技术状态符合有关技术标准;对经检测发现不符合车辆通行安全要求的,应当进行维修,及时向社会公告,并通知公安机关交通管理部门。

(12)公路管理机构、公路经营企业应当定期检查公路隧道的排水、通风、照明、监控、报警、消防、救助等设施,保证设施处于完好状态。

(13)中国人民武装警察交通部队按照国家有关规定承担公路隧道等设施的抢修任务。

118. 公路隧道运营管理中应该收集哪些数据?

答:公路隧道从建设期转入运营期后,除了收集建设期的施工设计图、竣工图、监控量测、变更等资料外,还应注重收集和统计分析日常的管理数据。对数据进行收集、统计、研究,有助于隧道科学化、专业化养护工作的开展,有助于管理者判断和分析隧道的运行状态,有助于交通事故预防和应急救援工作的开展。

(1)隧道内各类交通事故的统计数据,包括事故类型、事故发生时间、发生位置、车辆型号、占道情况、救援到场时间及驾驶员情况等信息。对统计数据进行分析研究,总结隧道内事故发生的规律,依据规律制定针对性的交通管制和事故预防措施,有效降低事故发生率;并通过分析,总结应急救援中存在的问题,不断提升应急救援能力。

(2)结合经常检查、定期检查、应急检查和专项检查等成果,对隧道的土建结构状况以及病害发育情况进行数据收集,统计分析土建结构性能的衰减速度及病害的演变趋势等。

（3）按照系统对机电设施进行分类统计，统计各系统中关键设备的故障率、完好率、备品备件使用率，结合现场情况，分析隧道内设备故障的主要原因，并且用数据分析成果指导养护计划的申报和实施。

（4）对各系统的核心设备运行数据进行收集，统计故障设备名称、故障设备数量、故障类型、故障设备安装位置、故障设备使用时间等，并结合隧道内环境因素对设备的寿命周期进行监测，对建立养护与管理备品备件库有实际意义。

（5）隧道内空气流受多种因素影响，通过长期连续统计不同时段、不同工况下隧道进出口、隧道内不同通风区段、通风斜竖井地表口处及通风井底部的风速、风压、温度等，建立数据库，总结自然通风规律，合理计算射流风机、轴流风机开启后的机械排风效能，该项工作对于科学控制通风系统、节能降耗意义重大。

（6）对隧道内交通流量进行统计，按照小车、客车、货车通行量进行采集、分析，掌握隧道内车辆行驶轨迹和不同类型车辆通行信息，便于科学安排隧道内养护工作的开展时间。

119. 监控中心在公路隧道运营管理中的主要作用有哪些？

答：监控中心在公路隧道运营管理中的作用可以归纳为四个方面，具体如下：

（1）利用隧道内配置的摄像机和监控室的监控大屏幕对隧道运营情况进行全天候监控，发现问题及时处理。

（2）对隧道内设置的机电设备进行管理，包括供配电、通风、照明、监控等机电设备的开启与关闭。

（3）不断采集隧道养护与管理过程中的相关数据，比如车流量、空气质量、设备运行情况等，对这些数据进行统计分析，对于提升管理水平意义重大。

（4）隧道内一旦发生事故，监控中心通常变为指挥中心，按照预先设定的预案程序，上报路况信息，指导单位各部门进行应急救援，向属地负有安全管理职责的单位进行信息报送，并将路况信息第一时间对外发布。

120. 在公路隧道进行养护作业时应注意哪些安全问题？

答：公路隧道空间狭小，在公路隧道内进行养护作业时应注意以下安全问题：

（1）养护作业前，若需对隧道进行交通管制，应根据公路等级、作业类型、运营情况等综合确定管制方式，管制一般分为封闭单洞和封闭部分车道两种。

（2）养护作业时，养护车辆和人员必须在作业控制区内进行作业（图4-2）；采用洞口联络通道进行通行时，应注意来车方向的交通安全。

（3）养护人员在作业控制区内作业时应与控制区边缘保持不小于1m的距离，以防过往车辆剐蹭发生危险。

（4）养护作业时，养护人员不得随意触碰机电设施；隧道内设置高压电缆时，应与其保持一定的安全距离。

（5）在隧道内开展电气养护作业时，作业人员应佩戴绝缘手套（图4-3），穿绝缘鞋等，做好个人防护工作。

图4-2 控制区内作业

图4-3 绝缘手套

（6）养护作业时宜佩戴口罩等防尘用品，洞内CO、烟尘等有害物浓度超标时，应暂时停止养护作业。

（7）在隧道路面区域实施养护作业，应配备专人负责交通引导，并注意观察来车方向的交通情况，及时预警，采取规避措施。

（8）在检修道上方行走时，应尽量踩在检修道侧壁等牢固位置缓慢前进，防止盖板破碎、侧翻造成人身伤害。

（9）隧道洞内路面有结冰现象时，必须清除后再开展其他养护作业。

（10）在隧道洞口进行养护作业前，要及时清除山体边坡或洞顶危石。

（11）在隧道内进行登高作业时，登高设施的周围应设醒目的安全标志，登高作业人员必须采取安全保护措施。

（12）隧道内发生交通事故时，应停止养护作业并撤离至安全区域，待交通恢复且正常管制后，再重新开始养护作业。

（13）在未设置照明设施的隧道内进行养护作业时，应加强交通管制和警示。

（14）隧道内不准存放汽油等易燃易爆物品，严禁明火作业或取暖。隧道内的紧急停车带、车（人）行横通道、避车洞及错车道不准堆放施工材料。

（15）养护过程中，不得将设备、工具随意堆放在路面上，应尽量放置于检修道等边缘位置；完成后对养护区域进行整理恢复，清除尖锐物、废弃物、污染物等，并妥善处置。

121. 公路隧道段进行交通管制的类型及注意事项有哪些？

答：隧道内空间狭小，在通车条件下进行交通管制容易引发交通事故，故需要谨慎操作，避免引发事故。

(1)交通管制的类型。

公路隧道需进行交通管制时,应根据交通量情况决定是否提前进行分流,交通管制措施可分为封闭单洞和封闭部分车道(图4-4)两种。

图4-4 封闭部分车道

采用封闭单洞方式进行交通管制时,若为二级及以下等级公路,可利用周边路网进行绕行;若为一级或高速公路,可利用另一单洞采取双向通行的交通组织方式,当单洞双向通行安全隐患较大时,也可利用周边路网进行绕行。

采用封闭部分车道方式进行交通管制时,若为二级及以下等级公路,通常采用双向交替通行的管制方案,若交通量大且有可利用的其他道路,也可采取半幅正常通行、半幅绕行的方案;若为一级或高速公路,将车辆全部导流至隧道内不封闭车道通行。

(2)注意事项。

①需按警告区、上游过渡区、纵向缓冲区、工作区、下游过渡区和终止区的顺序依次布置安全设施。

②限速过程应在警告区内完成。

③限速应采用逐级限速或重复提示限速方法。逐级限速宜每100m降低10km/h。相邻限速标志间距不宜小于200m。

④在不满足超车视距的二、三级公路弯道或纵坡路段进行养护作业,最终限速值宜取20km/h。

⑤当工作区位于下坡路段时,纵向缓冲区的最小长度应适当延长。

⑥除借用另外一侧隧道通行的高速公路及一级公路检测作业外,工作区的最大长度不宜超过4km。

⑦借用相邻隧道通行的高速公路及一级公路养护作业,工作区的长度应根据中央分隔带开口间距和实际养护作业而定,工作区的最大长度不宜超过6km。当中央分隔带开口间距大于3km时,工作区的最大长度应为一个中央分隔带开口间距。

⑧作业控制区布设完毕后,养护人员方能进入隧道进行作业,人员上下作业车辆

或装卸物资必须在工作区内进行。

⑨工作人员应按有关规定穿着反光服、佩戴安全帽,交通引导人员应面向来车方向,站在可视性良好的非行车区域;高速公路及一级公路隧道养护作业时,交通引导人员宜站在警告区非行车区域内。

⑩设置安全巡查员,专职负责巡查安全设施布设位置及区域是否正常,若安全设施发生移位、倾倒等情况应尽快将其恢复。

122. 公路隧道内常见的报警方式有哪些?

答:隧道内发生突发事件时应立即报警,为应急处置提供有利条件,报警方式有多种,具体如下:

(1)利用手机报警,拨打122、12122、119、110等电话,调度平台会自动转接隧道养护与管理单位。

(2)使用隧道内的紧急电话、手动报警按钮报警,向监控中心监控人员报警。

(3)隧道内发生火灾时,火灾自动报警系统会触发并报警。火灾自动报警系统包括点型火灾探测器、线型火灾探测器、视频型火灾探测器、火灾报警控制器、声光报警器等。火灾自动探测器识别火灾信息后,由专网传至指挥中心的火灾报警控制器进行报警,同时启动声光报警器进行警示。

(4)养护与管理单位通过监控视频巡查、路政巡查、养护与管理巡查等可以发现问题,也可以向路政巡查、养护与管理巡查人员报警。

123. 隧道段如何发布可变情报信息以更好地提示司乘人员?

答:公路上设置的可变情报板能将公路、气象、交通情况及与之有关的交通管制情况及时通知给公路使用者。养护与管理单位要想利用好可变情报板,就要重视发布的信息内容,隧道路段可变情报板的内容设置如下:

(1)门架式情报板发布内容。

①常规内容1:隧道内每50m有一处消防栓箱。

②常规内容2:保持车距、谨慎驾驶。

③突发事件:前方事故、交通管制、靠右停车。

④雨雪天气:隧道出口、减速慢行、谨慎驾驶。

⑤日常接待:欢迎您行驶××××××××××道。

⑥火灾事故(大型):前方事故、道路封闭、靠右停车。

⑦文明服务:遵守交通法规、维护交通秩序。

⑧设备检测:按照相关部门要求发布。

⑨移动施工:隧道内进行移动施工作业,请谨慎驾驶。

⑩固定施工:隧道施工、单幅封闭、谨慎驾驶。

⑪事故报警:事故报警电话××××××××。

(2)悬挂式可变情报板发布内容。

①隧道内施工。

a.前方施工、减速慢行。

b.前方施工、靠右/左行驶。

②隧道事故(火情)。

a.前方事故、减速慢行。

b.前方事故、靠右/左停车。

c.前方事故、临时管制。

d.隧道事故、道路封闭。

③恶劣天气(只更改隧道出口处情报板)。

a.雨天路滑、谨慎驾驶(路面湿滑、谨慎驾驶)。

b.雪天路滑、减速慢行(路面结冰、减速慢行)。

c.大雾天气、保持车距(雨雪天气、谨慎通行)。

d.前方事故、谨防追尾(路面冰冻、事故多发)。

④常规内容。

每日交接班检查情报板设备及内容,确保完好。每日白班接班后第一时间更改情报板信息,保持每日更新,并做好值班记录。

a.区间测速、全程监控。

b.隧道限速70km/h(按实际限速填写)。

c.×××车,您已超速(商运车辆、严禁压线;×××车,闯站通行;×××车,请开大灯)。

d.谨慎驾驶、严禁超速。

e.旅途愉快、一路平安。

f.遵守交规、人人有责。

⑤节假日。

a.×××快乐、一路平安。

b.隧道全段、区间测速。

c.限速70km/h(按实际限速填写)、严禁超速。

d.×××车、您已超速。

e.遵守交规、人人有责。

⑥抛洒物。

a.前方××道有抛洒物,××道行驶。

b.前方有抛洒物,减速慢行

⑦事故报警。

事故报警电话××××××××××。

124. 公路隧道内应急设施如何使用?

答:公路隧道内设置了大量的应急设施,正确使用有利于及时报警、救援、逃生,具体如下:

(1)紧急电话使用方法:

通常长大隧道在边墙上设置有紧急电话(图4-5),紧急电话上方设置有醒目的紧急电话指示标志,按下紧急电话按钮,可与隧道监控室工作人员进行通话,同时工作人员会自动获得通话处紧急电话的具体位置。

图4-5 隧道内紧急电话

(2)火灾报警按钮使用方法:

隧道内设置火灾报警按钮(图4-6)时,发生火灾后也可进行报警。其操作方法是打开保护盖并按下按钮,隧道监控室就可响起火灾报警信号,同时获得报警按钮所在的位置。

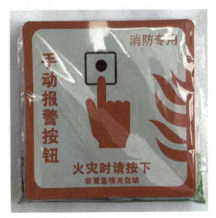

图4-6 火灾报警按钮

(3)消防设施使用方法:

通常隧道边墙上设置有消防箱,配备有手提式干粉灭火器。长大隧道消防箱内通常还配置有水成膜泡沫灭火装置和消防栓。部分消防设施见图4-7、图4-8。

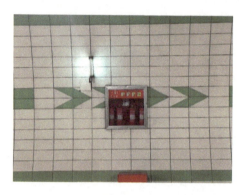

图4-7 手提式干粉灭火器　　　　图4-8 干粉灭火器、水消防设施

①手提式干粉灭火器取用时,对照箱门上的操作指南,具体操作如下:

a.打开消防箱取出灭火器,提起握把,托住罐底,上下翻倒几次摇匀。

b.拔掉保险销(图4-9)。

c.手握喷管对准火焰根部,压下握把进行喷射(图4-10),直到火焰熄灭。

图4-9 拔掉保险销　　　　图4-10 进行喷射

②水成膜泡沫灭火装置主要应用于油制品灭火。取用时对照箱门上的操作指南,具体操作如下:

a.拉开消防栓门,取出消防卷盘,拉出软管。

b.打开水成膜泡沫灭火装置开关,让药品可以流出来与水混合,产生泡沫。

c.打开卷盘开关,握住卷盘喷枪。

d.对准火苗进行灭火,让燃烧液体窒息,阻止燃烧液体继续升温、汽化和燃烧。

水成膜泡沫灭火装置使用见图4-11。

③消防栓使用时,对照箱门上的操作指南,具体操作如下:

a.拉开消防洞室门,取出水带和水枪,向着火场方向铺水带,尽量将水带拉直,防止打角。

图 4-11　水成膜泡沫灭火装置使用

b. 将水带一端与消火栓连接，连接时将连接扣准确插入滑槽；另一端用同样的方法与直流水枪相接。

c. 握住水枪并尽量对准火场根部，打开消防栓阀门进行灭火。隧道内消火栓及其使用见图 4-12。

图 4-12　隧道内消火栓及其使用

(4) 疏散通道应急使用方法：

单洞隧道一般仅有进出口可以进行逃生，少量规模大的单洞隧道也设置有逃生通道连接洞外或平行导洞，供人员逃生使用。双洞隧道紧急疏散通道一般有三种，即隧道进出口、人行横通道、车行横通道。

通常长度大于 500m 的隧道会在边墙上设置疏散指示标志（图 4-13），向司乘人员告知向两侧逃生所需的距离，紧急情况下逃生者需要结合现场情况选择有利的逃生方向。

双洞隧道人行横通道的设置间距一般在 250～350m 之间，人行横通道内设置防火门，防火门平时处于关闭状态，平推即可开启，通过人行横通道可到达另外一条隧道。人行横通道见图 4-14。

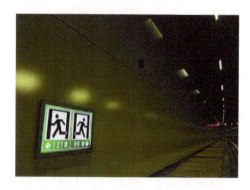

图 4-13　疏散指示标志

双洞隧道车行横通道的设置间距一般是 750m 左右,车行横通道内设置卷闸门,现场可通过电动按钮开关或手动倒链(手拉葫芦)开启。电动按钮开启时按压向上的电动按钮,车行横通道的卷帘门可打开;当隧道内断电或由于其他情况使得电动按钮失效时,可采用手动倒链打开闸门逃离。车行横通道及其电动按钮与手动倒链见图 4-15、图 4-16。

图 4-14　人行横通道　　　　　　　图 4-15　车行横通道

图 4-16　车行横通道电动按钮与手动倒链

(5)紧急停车带应急使用方法:

一般情况下,长度大于 1000m 的隧道内会在行车方向右侧设置紧急停车带(图 4-17),供紧急情况下事故车辆或救援车辆停放使用。紧急停车带长度为 40～50m,进入紧急停车带前约 5m 位置通常设置有紧急停车带指示标志。

正常情况下,社会车辆不应无故停放在紧急停车带内,影响紧急情况下的使用,并且长时间停放在紧急停车带内,也容易导致交通事故的发生。

图 4-17　紧急停车带

125. 减少公路隧道内交通事故有哪些有效做法?

答:通过多年实践,我们对于减少公路隧道内交通事故有了大量的经验,养护与管理单位应该根据公路隧道具体情况采取针对性措施。

(1)提高路面抗滑能力。公路隧道路面在长期运营过程中,受到车辆磨耗、油污附着等影响,往往路面抗滑能力明显降低,尤其是长大隧道的水泥混凝土路面。对于水泥混凝土路面,通常可采取加铺改性沥青混凝土罩面(图 4-18)、精铣刨(图 4-19)等措施进行处治;对于复合式路面,可采取微表处、超薄封层等措施提高路面抗滑能力。

图 4-18　路面加铺改性沥青混凝土罩面　　　图 4-19　路面精铣刨

(2)控制隧道内车速。隧道内发生的交通事故,大部分原因是车辆超速行驶。因此在事故多发隧道段,养护与管理单位可与道路执法单位合作,设置区间测速,对隧道内超速情况进行管制,有效降低车辆通行速度。隧道洞口测速摄像见图4-20。

(3)隧道内播放警示提醒音频。在隧道事故多发时段如午后、午夜等,播放警示提醒音频,提高驾驶员注意力,避免疲劳驾驶。隧道广播见图4-21。

图4-20　隧道洞口测速摄像

图4-21　隧道广播

(4)改善运营环境。部分公路隧道事故发生率较高是隧道内环境因素导致的,比如洞内亮度不足、空气烟雾浓度偏高等,我们可以通过加强照明、改造通风设施等措施改善运营环境,从而降低事故发生率。

(5)有效利用隧道内外的交通诱导设施对来往车辆进行提示预警。及时对可变信息标志内容进行修改,通过文字、图形等方式,直观地呈现前方路况信息。合理转换交通信号灯及车道指示器的显示状态,通过绿色通行及红色停止指示信息,对现场交通进行诱导提示。

(6)通过对隧道内事故数据的长期统计、分析,会发现一些规律。隧道管理者可以在事故多发点增加振荡标线、红蓝爆闪灯、声光报警器等交通安全设施;在交通量达到一定流量时进行管制干预,有效降低事故发生率。

(7)进行视频监控、广播设施改造。公路隧道在长期运营过程中,部分监控视频不清晰、广播声音辨识度低,通过对隧道内视频监控、广播设施进行改造,提高隧道监控室对隧道内突发事件的管控能力,做到及时发现、及时管控,指导司乘人员紧急避险,降低交通事故发生率。隧道监控中心见图4-22。

126. 如何管理好公路隧道水消防系统?

答:公路隧道水消防系统一般由水源井、高低位水池、消防管网、消火栓箱等组成。在运营过程中,水消防系统保持良好的技术状况至关重要。为了保障水消防系统正常运行,要进行必要的日常检查和预防养护,具体如下:

(1)定期通过隧道消防管网的压力表对整个消防水压进行监测管理。

(2)定期对消火栓内的设备进行检查,人工放水,查看供水及压力是否正常。

图 4-22　隧道监控中心

（3）定期对水源井、上水泵、供水管网、主要阀门等设施进行检查，并统计故障位置和更换的部件。根据长期统计和更换部件情况，建立备品备件库。

（4）有条件的养护与管理单位可以利用远程监控、消防云平台无线监测等设备，在消防管网中增加切入式水压传感器，长期采集数据，做到水网数据真实可靠，便于后期维护、养护与管理。

127. 培养公路隧道机电系统管理技术人员应注意哪些方面？

答：公路隧道机电系统管理是我国公路隧道养护与管理中的短板，要做好这项工作，隧道养护与管理单位应根据隧道特点、机电系统运行情况、安全等级等因素组建机电系统管理技术人员队伍，并应加强培养，具体应注意以下方面：

（1）完成机电系统操作手册编制。养护与管理单位应结合所养护与管理隧道机电系统的配置情况，进行机电系统操作手册编制，便于技术人员日常学习，指导技术人员实际操作。

（2）完成系统性技术培训工作。目前，养护与管理单位机电系统管理技术人员专业技术水平普遍偏低，隧道养护与管理单位应组织设计单位、设备厂家的技术人员，针对所养护与管理隧道的机电系统进行系统性培训，使管理技术人员熟练掌握系统功能和相关操作。

（3）做好日常养护总结工作。在日常养护工作中，应要求管理技术人员不断进行经验总结，能够准确辨识不同子系统出现的故障，并通过常年总结对常见故障形成一整套针对性的解决方案。

（4）提高工作积极性，勇于创新。贯彻"以人为本"的管理思想，使管理技术人员在日常工作中具有高度积极性。提倡技术创新与管理创新，对表现优秀的管理技术人员给予合理的奖励，进一步提高管理技术人员工作的积极性。

（5）聘请相关专家定期开展技术培训、交流活动，使管理技术人员的技术水平不断提升。

128. 对社会公众进行公路隧道通行安全知识教育可采取哪些形式?

答:对社会公众进行公路隧道通行安全知识教育,是法律赋予养护与管理单位的一项职责和义务,可以采取的形式有很多种,具体如下:

(1)发放宣传册(单)。

公路隧道养护与管理单位可以印制公路隧道安全通行知识宣传册(单),安排人员在收费站、服务区、检查站、邻近居民区及学校等地进行发放,宣传公路隧道安全通行知识。

(2)设置宣传展板。

公路隧道养护与管理单位可以制作内容简洁明了、图文并茂的关于公路隧道通行安全知识的宣传展板,展板可以设在广场、收费站等地方,供大家浏览、学习。

(3)借助微信公众号等自媒体平台。

通过微信公众号或其他自媒体平台发布关于隧道安全和应急避险救助常识的文章进行宣传。

(4)电台播放隧道安全知识。

通过与交通广播电台合作,播放公路隧道安全通行知识,也可在服务区利用广播进行定时播放,广泛宣传隧道安全通行相关知识。

(5)播放通行安全教育视频。

在服务区、停车区等地用大屏幕滚动播放公路隧道安全通行教育视频(图4-23),使司乘人员了解公路隧道安全通行及应急逃生相关知识。

图4-23 安全通行教育视频

129. 公路隧道风险辨识的原则是什么?公路隧道风险辨识手册编制包括哪些步骤?

答:公路隧道养护与管理单位开展安全生产风险分级管控工作,编制风险辨识手册,能够达到降低安全生产风险,减少或杜绝各种事故隐患和生产安全事故发生的目的。目前,风险辨识和管理越来越得到重视,交通运输部办公厅于2018年印发了《公路水路行业安全生产风险辨识评估管控基本规范(试行)》,积极推进公路水路交通运输行业安全生产风险管理工作。

(1) 风险辨识的原则。

公路隧道安全生产风险管理工作应以人为本,坚持"安全第一、预防为主、综合治理"的方针,强化和落实从事生产经营活动单位的主体责任,积极引导全员参与,开展全过程、各环节控制,以预防和减少事故发生,提高安全生产风险管理水平,保证生产经营活动的顺利进行。

(2) 隧道风险辨识的步骤。

隧道风险辨识由确定辨识范围、划分作业单元、确定风险事件、分析致险因素、编制风险辨识手册几个步骤组成。

①确定风险辨识范围。公路隧道养护与管理单位应根据业务经营范围,综合考虑不同业务范围风险事件发生的独立性,以及历史风险事件发生情况,研究确定一个或一个以上风险辨识范围。

②划分作业单元。公路隧道养护与管理单位应按照风险管理需求"独立性"原则,根据业务范围、生产区域、管理单元、作业环节、流程工艺等进行作业单元划分,并建立作业单元清单。

③确定风险事件。针对不同作业单元,结合日常安全生产管理实际,综合考虑历史风险事件发生情况,研究确定各作业单元可能发生的风险事件。

④分析致险因素。针对不同作业单元,按照人、设施设备(含货物或物料)、环境、管理四要素进行主要致险因素分析。

⑤编制风险辨识手册。针对本单位生产经营活动范围及生产经营环节,按照法规标准和规范相关要求,编制风险辨识手册。

130. 养护与管理单位公路隧道风险防控制度的动态监控机制如何建立?

答: 交通运输部印发的《公路长大桥隧养护管理和安全运行若干规定》(交公路发〔2018〕35号),第三十五条规定:"长大桥隧经营管理单位应当按照有关规定建立健全风险管理和隐患排查工作制度,编制风险辨识手册,建立风险动态监控机制,定期开展隐患排查工作。"养护与管理单位在建立"风险动态监控机制"时往往没有做到"动态监控",结合实际工作,现给出以下完善建议:

(1)"动态监控"体现在环境因素。不同环境条件下,隧道风险事件的评估分级可能是动态变化的。比如某隧道存在冬季路面结冰现象,在冬季评估为重大风险事件,是重点监控对象;而到了夏季仅表现为局部路面潮湿,可能评估为一般风险事件。

(2)"动态监控"体现在设施、设备因素。公路隧道设施、设备状况直接影响部分风险事件评估分级。比如在正常照明条件下,隧道内追尾事件评估为较大风险事件;而如果照明系统瘫痪,隧道内追尾事件评估为重大风险事件。

(3)"动态监控"体现在管理因素。通过科学管理,采取合理的工程措施或方法,使风险事件的发生可能性、后果严重性等降低,风险事件的评级也会随之降低。

(4)"动态监控"体现在风险事件形成、发生、发展过程。部分风险事件存在形成、发生、发展过程,不同阶段风险发生的可能性、后果严重性等不同,监控工作也随之调整。以汽车追尾事件为例,某座隧道每小时交通量为2000辆时,隧道内追尾事件评估为一般风险事件;而交通量逐渐上升为每小时3000辆时,隧道内追尾事件评估为较大风险事件,需要进行预警并采取相关干预措施,监控的级别也随之上升。

131. 公路隧道火灾事故有哪些特点?给我们带来哪些启示?

答:火灾是公路隧道运营安全事故的主要类型。据不完全统计,2000—2020年,我国公路隧道发生火灾险情或事故160余起,造成约100人死亡,其中重特大事故3起。尽管隧道火灾事故总量相对较少,但事故危害性大,极易造成人员伤亡、车辆损毁、隧道设施和结构破坏。2014年山西晋济高速"3·1"岩后隧道车辆爆炸事故(40人死亡,直接经济损失8197万元),2017年河北张石高速"5·23"浮图峪隧道车辆爆炸事故(15人死亡,直接经济损失4200万元),造成了人员生命和财产的重大损失。

(1)隧道火灾事故特点。

隧道火灾事故具有成灾过程快、救援难度大、次生风险高、事故损失重、社会影响大等特点。相关学者对近十五年我国公路隧道火灾事故的研究分析表明,我国公路隧道火灾事故主要有以下特点:一是车辆自身故障是主要因素,约占63%,主要为发动机起火、轮胎起火、车辆电器线路起火;二是夏季和冬季是多发季节,约占62%,夏季高温导致车辆起火或货物自燃,冬季大雾或冰冻天气导致交通事故进而引发火灾,1月是隧道火灾事故多发月;三是货车是发生火灾事故的主要车型,约占52%,其中危险货物运输车辆风险更高;四是公路隧道进出口位置,特别是隧道连接有长大纵坡的洞口是火灾事故的多发点。

(2)隧道火灾事故应急处置启示。

总结近年来隧道火灾事故成功救援经验,主要有以下启示:

①政府领导、一路多方的应急处置机制是抢险救灾、减少人民财产损失的基本保证。

②"早发现、快处置"是基本要求。救援人员要充分利用火情初期控制"黄金8分钟","早发现、快处置"是最大限度减少人员伤亡和财产损失的前提。

③加强隧道火灾监测预警设施的维护和优化是重要条件。机电设施状况良好,位置、间距设置科学,拥有良好的精度,有利于监控人员通过监控视频、火灾报警系统和紧急电话等及时发现险情,并启动应急预案,机电设施实现联动控制。

④消防设施状况良好、标志标识完善是重要保障。消防设施状况良好,有利于司乘人员、应急救援人员实施初期处置;标志标识完善能有效引导司乘人员逃生,除了常规的疏散指示标志和横通道指示标志,部分隧道在横通道口设置了LED灯带提升

洞口亮度,加强了浓烟条件下对被困人员的逃生引导。

⑤及时封闭隧道入口,阻止后续车辆进入。隧道内发生火灾时,要及时封闭隧道入口,阻止后续车辆驶入事故隧道内,可有效减少隧道内的滞留车辆数量及二次事故发生的概率,有效缩短救援车辆到达现场的时间,降低事故隧道内的应急救援及疏散难度。

⑥提升养护与管理单位应急处置能力,不断完善突发事件应急体系。提升长大公路隧道养护与管理单位应急处置能力,开展面向长大隧道突发事件的应急处置技术及装备研发,鼓励在特长公路隧道设置现场应急救援点与微型消防站,提高应急处置能力。对于长大隧道要完善"一隧一预案",落实关键处置环节的"定时、定岗、定标",优化处置流程的"要诀式"管理;加强应急预案的培训、演练、评估与修订,验证、评估预案适用性并持续改进;积极建立、推进多方联动的隧道应急指挥机制,开展多部门联合应急演练,检验各部门应急协同和联动处置能力。

⑦加强危险货物运输车辆隧道内通行管控联动。协调公安、应急等部门研究建立危险货物运输车辆通行隧道分级管控机制,有序推进隧道安全精准管理。确保公路隧道养护与管理单位获取危险货物运输车辆及货种信息渠道畅通,加强对通过长大公路隧道的危险货物运输车辆的协同监管。

⑧必要的应急装备,是应急人员对隧道火情进行初期处置和引导疏散司乘人员的基础。在火情初期,应急人员进入隧道进行初期处置,或引导司乘人员疏散逃生等工作,需有必要的应急装备作为基础,比如自身防护用品、交通工具及其他应急设备等。

⑨加强隧道安全通行和逃生知识宣传教育。司乘人员对公路隧道内应急设施和逃生知识的掌握,是对火情进行快速处置和人员安全逃生的关键。比如:司乘人员熟练掌握消防设施应用,清楚逃生通道设置等。

需要完善道路运输驾驶员教育培训制度,充实公路隧道安全驾驶与突发事件应对有关学习内容,提高司乘人员对隧道突发事件的应急处置和自救能力。加大公路隧道运行安全社会宣传力度,普及公众隧道火灾自救与逃生知识,充分利用"安全生产月""全国交通安全日"等活动,广泛宣传公路隧道通行安全常识。

⑩提升突发事件下隧道机电设施安全韧性。加强隧道火灾风险评估和重点隧道监测工作,加强对隧道通风、照明、通信、供配电等设施设备在隧道火灾突发事件下的安全韧性基础研究,加强对隧道监控、报警、消防、交通安全等设施的技术适应性和可靠性研究,加强对隧道设施集中控制管理系统的网络安全设计,并逐步完善相关标准规范。

132. 养护与管理单位的安全培训通常存在哪些问题?

答:在日常养护与管理工作中,养护与管理单位应按年制订安全培训计划,并按计划定期组织实施,使所有养护人员熟悉并能认真贯彻执行安全生产方针、政策、法律、法规、国家标准、行业规范,掌握有关安全生产、事故防范、自救互救等方面的知识,提高一线养护人员的安全意识和技能,规范生产操作,消除安全隐患,预防安全事故,保障隧道养护工作的顺利进行。养护与管理单位的安全培训往往存在如下问题:

(1)安全培训过程资料归档不规范。开展安全培训常见资料主要有培训通知、培训内容、人员签到表、培训总结等。检查中常见培训过程资料不完整,未做到安全培训工作有据可查、有迹可循。

(2)安全培训内容不足。养护与管理单位常见的安全培训内容主要针对养护施工期间的安全问题,未对安全方面的法律法规、安全作业规章制度、应急预案、事故防范、自救互救等内容进行培训学习。

(3)安全培训范围不广。安全培训仅在安全管理人员或技术人员范围内进行,未能落实到一线养护人员层面,安全培训的范围不广。

(4)安全培训深度不足。安全培训形式单一,仅停留在召开安全会议形式上,一线人员接受程度有限;部分单位仅有如何使用灭火器等简单培训。

133. 公路隧道安全运营宣传的主要内容有哪些?

答:根据交通运输部印发的《公路长大桥隧养护管理和安全运行若干规定》(交公路发〔2018〕35号)的要求,各级交通运输主管部门、长大桥隧经营管理单位应积极向社会公众宣传隧道安全运行相关规定、安全和应急避险救助常识,提高隧道使用者的安全意识。

隧道安全运营宣传应以目标为导向,以提高司乘人员的安全意识和应急避险逃生知识水平为目标。主要宣传内容一般包括:

(1)隧道段安全驾驶相关知识。
(2)隧道段遇突发事件紧急避险相关知识。
(3)隧道段的逃生通道设置及使用知识。
(4)隧道内应急设施使用相关知识。

隧道安全运营宣传应注意与隧道交通安全设施的设置情况相适应,结合隧道自身结构特点,进行针对性地宣传普及。相关宣传材料应尽量通俗易懂,应急避险逃生应具体到操作层面,达到一看就懂、上手会用的目标。

第5篇 应急管理篇

134. 公路隧道应急管理的原则有哪些?

答:结合我国对应急管理的原则要求,公路隧道养护与管理单位应急管理应遵循以下原则。

(1)预防为主,防救结合。坚持预防和应急救援相结合,养护与管理单位要增强全员防范意识,落实各项防范预警措施,做好人员、技术、物资和装备等各项准备工作,做到"早预防、早报告、早处置",最大限度地防止事故发生和减少人员伤亡、财产损失。

(2)以人为本,安全第一。将保障人员生命与财产安全作为应急工作的首要任务,采取积极有效的措施,优先保护人民群众的切身利益,切实加强应急救援人员的安全防护。

(3)依法规范,加强管理。依据有关法律和行政法规,加强公路隧道应急管理,实现公路隧道应急管理工作的制度化、规范化。处置过程中,根据属地政府、公安机关交通管理部门的指令,按照应急管理需要,依法、依规实施先期处置、临时交通管制、后勤保障等工作,并向上一级单位提交管制信息和处置情况的报告。

(4)快速反应,协同应对。接到应急指令后,应立即向属地负有安全管理职责的单位汇报,并调派人员、设备,在做好自身防护的前提下,第一时间赶赴突发事件现场进行初期处置并实施救援。充分利用隧道养护与管理单位现有资源,保障突发事件应急处置工作的正常进行。加强单位各部门之间的协作,形成优势互补、资源共享的突发事件联动处置机制。属地负有安全管理职责的单位到场后,移交指挥权,做好保障工作。

(5)依靠科技,依法规范。采用先进的设施设备,充分发挥专家团队和专业人员的作用,提高应对突发事件的科技水平和指挥能力,避免发生二次突发事件;加强宣传和培训教育工作,提高职工对公路隧道突发事件应急处置的综合素质。

(6)信息公开,引导舆论。在应急管理中,要尊重社会公众的知情权,除涉及国家机密和个人隐私的信息外,做到信息透明、公开。还要积极掌握社会公众的舆情,了解社会公众的所思、所想、所愿,对舆情进行正确、有效引导。

135. 常见的公路隧道事故包括哪些类型？

答：公路隧道内运营环境比隧道外明显更复杂。经过调研国内具有代表性的特长隧道运营管理单位，通过对隧道内突发事件数据进行统计，总结发现隧道内常见的事故类型，主要集中在车辆占道和抛洒物占道2项引发的事故，合计约占突发事件总量的70%；交通事故约占突发事件总量的15%；火灾事故及其他事故约占突发事件总量的15%。公路隧道事故包括以下类型：

(1) 车辆占道类。车辆抛锚占道和无故占道引发的隧道事故。

(2) 抛洒类。运输的货物掉落在路面上，常见的如石子、蔬菜、动物、泡沫等引发的隧道事故。

(3) 交通事故类。隧道内车辆追尾、侧滑、刮蹭、撞壁，引起的单方事故或多方事故，造成拥堵或交通中断。

(4) 机电设备故障事件类。供配电、通风、照明、监控等机电系统瘫痪，射流风机、悬挂的情报板、电缆桥架等机电设备坠落引起的突发事件。

(5) 气象及地质灾害类。主要包括暴雨、暴雪、大雾、山体塌方、滑坡、泥石流等造成的影响通行安全的突发事件。

(6) 火灾及危险品运输类。隧道内车辆故障引发火灾、载有危险品的车辆发生交通事故引起罐体起火或爆炸，危及通行安全的突发事件。

(7) 隧道结构坍塌、隧底隆起、边仰坡失稳等隧道病害，造成公路隧道结构性破坏所引起的突发事件。

(8) 恐怖袭击类。驾驶车辆在隧道内乱撞，严重干扰行车秩序；在隧道内破坏关键设备，影响机电系统正常运行的行为。

(9) 载运不可解体物品的大件运输车辆侧翻或故障，导致长时间占用车道且无法移动，专业设备到场需要较长时间。

136. 公路隧道应急抢险机械设备和物资有哪些？

答：为了应对公路隧道内的突发事件，履行相应职责，减少生命与财产损失，养护与管理单位一般应储备以下应急抢险机械设备和物资。

(1) 车辆设备。包括铲车（图5-1）、拖车（图5-2）、高空作业车（图5-3）、交通维护车（图5-4）等。

(2) 交通疏导设施（图5-5）。养护与管理单位应储备必要的指示牌、锥形桶、爆闪灯等交通疏导设施，用于隧道内进行抢险时的交通管制。

(3) 人身防护用品（图5-6）。养护与管理单位应储备安全帽、反光衣、呼吸器、安全绳等人身防护用品，当配备有专业消防救援队伍时，还需配备高温防护服、防毒面罩、消防靴、氧气瓶等。

第5篇 应急管理篇

图5-1 铲车

图5-2 拖车

图5-3 高空作业车

图5-4 交通维护车

图5-5 交通疏导设施

图5-6 人身防护用品

（4）应急物资（图5-7）。养护与管理单位应储备必要的应急照明灯、强光手电、金属切割机、液压扩张器、液压切割机、液压剪切器、液压万向剪切钳、灭火器、柴油、汽油、扩音器、绷带、药品、撬棍、铁锹等应急物资。某公路隧道应急救援中心应急物资见附录B。

图 5-7　应急物资

137. 公路隧道应急救援人员的安全保护措施有哪些？

答：隧道内发生突发事件时，应急救援人员除了保护司乘人员生命与财产以及路产安全外，自身的安全同样重要，应采取以下措施加强隧道应急救援人员的安全保护。

（1）要加强安全培训教育工作。应加强隧道应急救援人员的业务培训，参加专业的应急处置业务培训，也可观看管辖路段内发生事故录像等。要提高安全意识，不抱有任何侥幸心理，掌握必要的安全防护和隧道救援的知识，养成良好的安全习惯。

（2）要认真做好安全准备工作。救援人员在赶往事故现场前，必须穿着发（反）光背心，携带足够的发（反）光警示标志牌、反光锥筒、现场照明设备等安全防护装备。救援环境对人员可能造成某种伤害时，救援人员应佩戴相应的防护设备。

（3）要严格落实警示措施。务必按规范要求设置警示标志、警示牌、锥形桶等，并安排专人在护栏外进行执旗示警，必要时可以配合大功率扩音喇叭喊话提醒。遇有雨、雪、雾霾等低能见度情况，或后续车辆较多时可适当前移第一处示警位置，以降低后续车辆追尾概率。

（4）确保安全作业。路政车辆必须停放在事故现场来车方向警示标志起始点处，并开启警灯、示宽灯和车载发光警示屏等。车上人员必须离开车辆，站在护栏之外。在设置完成事故现场安全警戒区且无车辆通行之后，路政人员方可进行配合作业。现场区域较大的，还应设置专门的安全警戒人员。

138. 监控值机员在发现公路隧道内突发事件后应如何操作？

答：监控值机员在隧道事故的发现和应急响应中扮演着非常重要的角色。我国长大公路隧道运营管理中，80%以上事故都是由监控值机员通过道路视频巡查发现的，监控值机员往往是事故发现和报告应急响应的第一人。监控值机员在发现隧道内突发事件后应进行以下操作：

（1）监控值机员通过视频巡查发现突发事件或者接到报警后，由监控班长确定事故类型,初步判断事故规模,按应急预案启动突发事件响应程序,向应急领导小组办公室汇报,按指令通知相关人员进行初期处置,并及时进行路况信息报送。

(2)监控值机员按照岗位职责,根据事故情况发布可变信息标志提示信息,更改车道指示器及其他机电辅助设备;按照时间顺序,根据现场情况,准确记录事故处置情况;根据事态变化,上报事故路况信息;事故处理结束,恢复相关设备,再次报送路况信息。

(3)事故处理过程中,依据应急领导小组办公室和现场指挥人员的要求和指令,监控值机员应及时将救援相关情况上传下达,并通知、协调相关人员、实施救援和处置。

(4)事故结束后,由监控班长组织进行各项、各类工作记录的梳理工作。

考虑监控值机员的重要性,所以要特别重视监控中心的人员组合和岗位设置,人员应配备充足,并考核上岗。监控班长、机电操作员、视频巡检员、通信员、记录员(信息报送)等,按照岗位制定职责闭合管理,保证工作中无漏项。

139. 公路隧道内发生事故后,信息如何报送?

答: 从近些年公路隧道事故的追责和处理结果可以发现,对于隧道养护与管理单位来说,事故发生后信息上报迟缓,成为追责的主要原因之一。结合事故后的问责处理意见,公路隧道内发生事故后,应第一时间进行信息初报,报送上级单位、属地交管部门,并做好记录;交警到达现场对事故进行确认后,依据事故确认结果再进行信息报送;事故处理完毕,进行信息终报。以下为按照不同类型的事故整理的事故信息报送模板。

(1)交通事故。

①不占道事故。

(交通管制信息)××隧道管辖路段×时×分,在(××至××方向)××处发生××事故,占用紧急停车带,在××处进行临时交通管制。

(解除交通管制信息)××隧道管辖路段×时×分,在(××至××方向)××处发生××事故,已经处理完毕,现已经解除交通管制,××隧道道路恢复畅通。

②占单车道事故。

(交通管制信息)××隧道管辖路段×时×分,在(××至××方向)××处发生××事故,占用左/右行车道,隧道内现场滞留车辆大概××km,现在需要对××处进行临时交通管制。

(解除交通管制信息)××隧道管辖路段×时×分,在(××至××方向)××处发生××事故,占用左/右行车道,事故处理完毕,现已经解除交通管制,隧道道路恢复畅通。

③占双车道事故。

(交通管制信息)××隧道管辖路段×时×分,在(××至××方向)××处发生

××事故,占用双车道,隧道内现场滞留车辆大概××km,现需要对××隧道入口处进行临时交通管制(或者隧道事故现场处进行临时交通管制)。

(解除交通管制信息)××隧道管辖路段×时×分,在(××至××方向)××处发生××事故,已经处理完毕,现已经解除交通管制,隧道道路恢复畅通。

(2)隧道内机电设备故障。

①停电情况。

(上报停电信息)××隧道管辖路段×时×分,由于××,隧道临时停电,预计××(时间)恢复隧道内正常供电。

(恢复供电信息)××隧道管辖路段×时×分,××隧道临时停电,×时×分恢复供电,隧道道路恢复畅通。

②其他机电设备临时检修/抢修。

(上报占道信息)××隧道管辖路段×时×分,由于对机电设备进行临时检修/抢修,在(××至××方向)××处施工,需要占用左/右/双行车道,预计至××(时间),隧道内现场滞留车辆大概××km,××隧道入口处进行临时交通管制(或者隧道事故现场××处进行临时交通管制)。

(解除占道信息)××隧道管辖路段×时×分,在(××至××方向)××处施工,机电设备检修/抢修完毕,现已经恢复正常,隧道道路恢复畅通。

(3)火灾事故。

(交通管制信息)××隧道管辖路段×时×分,在(××至××方向)××处发生火灾事故,救援人员已经赶赴事故现场,××隧道入口处进行临时交通管制(并且隧道事故现场××处进行临时交通管制)。

(解除交通管制信息)××隧道管辖路段×时×分,在(××至××方向)××处事故已经处理完毕,现已经解除交通管制,隧道道路恢复畅通。

(4)隧道施工。

①长时间作业。

(上报占道信息)××隧道管辖路段×时×分,由于(××至××方向)在××处进行养护施工,需要占用左/右/双行车道,预计至××(时间),××处进行临时交通管制。

(解除占道信息)××隧道管辖路段×时×分,施工结束,隧道道路恢复畅通。

②移动作业。

(上报占道信息)××隧道管辖路段×时×分,由于(××至××方向)在××至××处进行移动作业施工,需要占用左/右/双行车道,预计至××(时间),需要对××处进行临时交通管制。

(解除占道信息)××隧道管辖路段×时×分,施工结束,现已经解除交通管制,隧道道路恢复畅通。

(5)恐怖袭击事件。

(交通管制信息)××隧道管辖路段×时×分,在(××至××方向)××处发生××恐怖袭击事件,已经报警,救援人员在赶赴现场,对隧道入口处进行交通管制。

(解除交通管制信息)××隧道管辖路段×时×分,在(××至××方向)××处××恐怖袭击事件已经处理完毕,现已经解除交通管制,隧道道路恢复畅通。

(6) 危险品泄漏事故。

(交通管制信息)××隧道管辖路段×时×分,在(××至××方向)××处发生××危险品泄漏事故,救援人员已经开始前期处理,已经报告当地消防部门,在××隧道入口处进行交通管制。

(解除交通管制信息)××隧道管辖路段×时×分,在(××至××方向)××处××危险品泄漏事故已经处理完毕,现已经解除交通管制,隧道道路恢复畅通。

(7) 配合相邻路段处置突发事件。

(交通管制信息)××单位管辖路段在×时×分,在(××至××方向)××处发生××事故,现场滞留车辆大概××km,为了协助××单位处理事故,在××处进行临时交通管制。

(解除交通管制信息)××单位管辖路段×时×分,在(××至××方向)××处事故已经处理完毕,现已经解除××处交通管制,隧道道路恢复畅通。

140. 发生突发事件时,公路隧道内紧急广播的播放内容有哪些?

答: 隧道内发生突发事件时,监控人员应通过紧急广播向驾乘人员传递的应急处置、逃生信息如下:

(1) 紧急广播,紧急广播:隧道前方发生事故,社会车辆靠右停车。

(2) 紧急广播,紧急广播:隧道内发生事故,请不要惊慌,请利用附近的消防器材进行初期灭火。救援人员马上赶到。

(3) 紧急广播,紧急广播:隧道内发生火情,请您进入×号人行横通道逃生。

(4) 紧急广播,紧急广播:隧道内禁止停车,请车牌号为×××××××的货车马上驶离。

(5) 紧急广播,紧急广播:现场人员为了保证安全请不要随意走动,站在安全区域等候救援。

(6) 紧急广播,紧急广播:隧道内发生事故,请社会车辆靠右停车,预留救援车道。

(7) 紧急广播,紧急广播:隧道内发生事故,请您谨慎驾驶,注意行车安全。

(8) 紧急广播,紧急广播:隧道内发生事故,请您拨打紧急电话报警或拨打×××(区号)-×××××××(电话号码)。

(9) 紧急广播,紧急广播:驾乘人员请注意,请使用紧急电话进行报警。

141. 供电系统电力中断条件下，如何利用运营商的通信基站进行救援？

答：养护与管理人员与隧道内驾乘人员联系时，长大公路隧道内常见的通信方式是利用可变信息标志信息提示、紧急广播远程喊话提醒、车道指示器更改提示等。但是长大隧道内发生事故导致供电系统出现故障，将会影响隧道内全部设备的正常工作，给应急救援带来极大的隐患。

三大运营商通信基站在项目建设期间已经布设在隧道内，和隧道的通信线缆相对独立，且各自布设，可以和运营商建立协同应急机制。紧急情况下供电系统电力中断时，利用三大运营商的号码管理平台调取隧道内滞留人员手机号码，利用运营商短信平台向隧道内滞留人员发送引导逃生短信，帮助隧道内滞留人员快速疏散和有效逃生。

142. 对公路隧道火灾进行应急处置，有哪些关键注意事项和成熟经验？

答：公路隧道发生火灾时，隧道养护与管理单位要正确处理救人与灭火的关系，坚持"以人为本、分级处置"的指导思想。救援力量充足时，救人与灭火同步实施，救援人员要积极疏散滞留人员，抢救被困人员，有效控制火势，隔离或封洞灭火，直至灭火完成。在这个过程中要利用通信器材，充分发挥监控人员的作用。

（1）及时预警。

①监控人员发现或收到隧道内火情报警，立即向监控班长汇报，确认火情后按应急预案要求进行初期处置。

②采用紧急广播告知来往车辆，并视情况指导现场驾乘人员进行初期处置；同时切换交通信号灯和可变信息标志，做好封道工作。

③立即向应急值班室报警，值班室人员确认事件后，立即向应急领导小组汇报；应急领导小组对火情进行确认、反馈信息指令，立即向消防、医疗等单位报警，同时通知当班人员和应急救援、路政、收费等相关部门人员，实施应急处置及救援。

（2）加强第一出动力量。

公路隧道大多距城镇较远，若发生火灾，消防部门在接到报警后，首先要加强第一出动力量，紧急调集足够的救援、照明、通信、供水和个人防护装备器材赶赴现场。

（3）交通管制。

隧道救援人员（或消防部门人员）到达现场后，应立即实施交通管制，严禁社会车辆及人员进入，维持好交通秩序，以利于人员疏散。

（4）人员防护。

消防、救援人员必须进行严格的个人防护并携带常用的救援装备后方可进入隧道开展疏散和灭火工作，禁止未达到防护要求的人员进入隧道洞内开展一系列救援工作。

（5）火情侦察。

通常采用监控侦查和现场侦查的方式进行,两者保持通信联络,应重视发挥监控设施的作用,加强对现场人员的指导。进入洞内侦察的人员必须佩戴好个人防护装备,携带有毒、危险化学品等物品检测装备进行侦察,快速查明隧道内燃烧的物质、起火部位、疏散通道、是否有人被困、是否有毒、是否会爆炸、隧道是否会垮塌等情况。

(6) 火场排烟。

①隧道内发生火灾时,应当开启射流风机,完成相应的排烟操作,根据需要也可以利用消防部门的排烟装备排烟。

②在人员疏散完毕前,要对风速进行合理控制,使其略高于临界风速,烟雾要向有利于人员疏散和提供灭火场地的方向缓慢流动;对于高速公路隧道,非起火隧道的风流方向应当与起火隧道内的风流方向相反,并且非起火隧道的风速应当略高于起火隧道,避免烟雾串入非起火隧道。

③完成人员疏散工作后,应当将射流风机开启到最大,从而在最短的时间内将烟气排除。排烟过程中,要控制好起火隧道内的风流方向,确保风流方向始终都由火源上游向下游,从而为灭火创造良好的条件。

(7) 疏散救援。

①隧道内起火时,隧道内部的烟气会出现较为明显的分层。从具体情况来看,下层烟气的密度相对较小,隧道中线位置能见度最高。因此,应当尽量沿着隧道中线疏散人员,并且要使人员保持相对较低的姿态。

②充分利用通信设施,加强监控人员与现场疏散救援人员的相互配合,重视监控人员对现场救援人员的指导。

③现场救援人员应携带适量个人防护用品,提供给被困人员进行防护逃生。

④已经中毒或受伤人员是抢救的重点,同时应将其他人员疏散到紧急避难场所或安全地点。

⑤对于载客车辆,要立即打开车门疏散乘客;在紧急情况下,打碎汽车玻璃从窗口疏散乘客。

⑥要与医疗单位按签订的联动协议在救援过程中实现快速联动,使受伤、中毒人员尽快得到救治。

(8) 现场灭火。

①灭火小组之间要紧密配合,确保灭火期间通信始终保持畅通,灭火小组之间应保持50m左右的间距,并在喷雾水枪的保护下梯队前进,尽量接近现场灭火。

②要指派专人在隧道消防设备控制室,严格依据指挥命令对消防设施进行操控,确保灭火工作的顺利进行。

③灭火小组应根据着火物品种类选择适当的灭火方式,比如对于部分危险化学品,若盲目采用消防水灭火可能引起爆炸。

④采用消防水灭火时,要避免消防水直接冲击、接触衬砌,快速降温会导致衬砌混凝土劣化、崩解、塌落(图5-8)。

⑤灭火小组在具体灭火期间,可以依据火情的变化,适当调整内部工作。

图 5-8　高温下水激致衬砌混凝土塌落

(9) 消防水源保障。

对于适合消防水灭火的情况,水源缺乏、火场供水困难是需要重视的问题。为保证火场的不间断供水,一方面要利用好既有消防水,并组织足够的供水车辆进行供水;另一方面要尽量使有限的水源发挥最大灭火效能,可收集使用过的水重复利用以缓解水源缺乏状况,保证灭火工作的圆满完成。

143. 公路隧道应急管理中,如何提高应对突发事件的能力?

答: 公路隧道本身具有半封闭性、空间狭小、通信与救援指挥困难等特点,导致发生突发事件后处置难度大,且容易进一步恶化。为提高应对突发事件的能力,养护与管理单位应采取以下措施。

(1) 不断深入宣传教育,提高认识。

①单位领导干部要带头学习相关政策、文件、应急处置案例等,提高认识,增强对突发事件的分析决策、应对处置能力。

②通过广泛宣传教育,在单位内营造共同关注安全、共同参与应急管理工作的氛围。

③对应急工作人员进行系统的应急知识培训,包括部门(岗位)职责、事件预警、信息报送、自身防护(保护),以及各种突发事件现场应急处置措施等。

(2) 不断完善应急管理的体制、机制。

①养护与管理单位要建立并不断完善统一领导、综合协调、分类管理、分级负责的应急管理体制。并联合就近的消防、应急、安监、医院等机构,签订相关协议,便于一旦隧道内发生突发事件,专业的救援力量能在最短时间内到达事故现场进行处置,受伤、中毒人员能在最短时间内得到救治。

②应急管理机制是指养护与管理单位在突发事件全过程中各种制度化、程序化的应急管理方法与措施。养护与管理单位应建立并不断完善监测预警机制、信息报

送机制、应急决策机制、配合协调机制等。

(3) 不断完善应急预案。

①应急预案是养护与管理单位应急管理的重要基础,是应急管理体系建设的首要任务。养护与管理单位应结合本单位机构设置、常见事故和应急资源等情况,制订适用的应急预案。

②养护与管理单位应结合应急预案定期开展应急演练,检验预案、锻炼队伍,提高应急处置能力。

③根据法律、法规变化,应急演练成果建议,机构变化等情况,及时修订应急预案。

(4) 加强应急救援设备、物资管理。

①依据应急预案及相关文件要求,养护与管理单位应配备相同型号的应急救援设备和物资,选择方便取用的地方独立存放。

②应加强应急救援设备、物资的维护与管理,并对应急救援设备领取、返还和物资的领用做好台账。确保发生事故后,应急救援设备性能良好、物资充沛,便于救援工作的开展。

(5) 保持技术状况良好。

养护与管理单位应按规范要求及时开展土建结构、机电设施、交通安全工程的养护工作,使其保持良好的技术状况,利于应急疏散、救援工作开展。

(6) 依靠科技、综合管控。

①建立隧道运营综合管控平台,增强监控系统对异常事件的捕捉、预警功能,机电系统的联动功能,以及对各部门的协调指挥功能等。

②对隧道运营管理的数据进行整理,依靠大数据平台总结事故处置经验,对事故进行分类统计和总结,分析事故发生的原因和规律,加强隧道运营中的预警,预防和减少事故的发生。

144. 公路隧道突发事件应急预案编制主要依据的法律、法规、制度、规范有哪些?

答:在编制公路隧道突发事件应急预案时,主要依据的法律、法规、制度、规范包括:

(1)《中华人民共和国突发事件应对法》(2009);

(2)《中华人民共和国安全生产法》(2021 修订版);

(3)《中华人民共和国公路法》(2017 修订);

(4)《生产安全事故应急条例》(2019);

(5)《生产安全事故报告和调查处理条例》(2007);

(6)《生产安全事故应急预案管理办法》(2019);

(7)《突发事件应急预案管理办法》(2013);

(8)《生产安全事故信息报告和处置办法》(2009);

(9)《生产经营单位生产安全事故应急预案编制导则》(GB/T 29639—2020);
(10)《生产经营单位生产安全事故应急预案评审指南》(试行)(2009);
(11)《交通运输行业反恐怖防范基本要求》(JT/T 961—2020);
(12)《公路交通突发事件应急预案》(2017);
(13)《交通运输综合应急预案》(2017);
(14)《交通运输安全应急标准体系》(2016)。

145. 公路隧道突发事件应急预案体系由哪几部分组成?

答: 公路隧道养护与管理单位的突发事件应急预案体系主要包括综合应急预案、专项应急预案和现场处置方案。

(1)综合应急预案(编制提纲见附录 C),是隧道养护与管理单位应急体系的总纲,主要从总体上阐述事故应急救援工作的原则和范围,具体包括应急组织机构及各岗位职责、应急预案的体系、预警及信息报告、应急响应、保障措施、应急预案管理及备案的相关信息。

(2)专项应急预案(编制提纲见附录 D),是养护与管理单位应对某一种或者某几种类型安全事故,针对重要的安全设施、核心系统、关键设备、重要保护区或者重大危险源、重要活动而制订的专项预案。专项应急预案应该包括突发事件风险分析、应急领导小组及职责、响应程序和评估等。

(3)现场处置方案,是养护与管理单位针对具体的事故类型、场所、装置、关键系统制订的应急措施,主要包括事故风险分析、应急工作职责、应急处置措施和注意事项,特别是救援的个人防护。

养护与管理单位应结合有关的法律、法规和相关行业标准要求,结合本单位的管理机构设置、运营规模以及可能发生的事故特点等,编制相应的应急预案。在编制应急预案的过程中,要明确界定管理权限、工作内容,突出前期处置、现场救援、人员保护、自身防护等问题。

146. 公路隧道应急预案的编制可分为哪些步骤?

答: 公路隧道应急预案的编制一般可分为 8 个步骤,即成立应急预案编制小组、收集资料、评估风险、评估应急能力、编制应急预案、推演论证、应急预案评审、公布和备案等。

(1)成立应急预案编制小组。根据本单位的特点、部门设置及职能,成立以单位负责人为组长的编制小组,相关部门和一线有应急处置经验的人员为成员,建议邀请精通法律、交通法规及有交通事故处置经验的专家参加。

(2)收集资料。收集与预案编制工作相关的法律法规,技术标准,上级单位、行业主管单位、地方政府发布的应急预案,本单位与安全生产相关的技术和制度资料,所管辖隧道历史事故相关资料,近年隧道内交通量和不同车辆占比,国内外隧道事故应急处置经验资料等。

(3)评估风险。养护与管理单位应结合所养护与管理隧道的特点,针对不同隧道事故种类及特点,识别存在的致险因素,分析事故可能产生的直接后果以及次生、衍生后果,评估各种后果的危害程度和影响范围,提出防范和控制事故风险的措施。

(4)评估应急能力。全面调查本地区、本单位第一时间可以调用的应急资源状况和合作区域内可以请求援助的应急资源状况,并结合事故风险评估结论,评估应急能力是否满足应急需求。当存在应急能力不足的情况时,应该与周边负有安全管理权限的单位建立联动机制,邀请相关单位参与救援。

(5)编制应急预案。根据现行《生产经营单位生产安全事故应急预案编制导则》（GB/T 29639—2020）,按照突发事件应急预案的分类编制综合应急预案、专项应急预案和现场处置方案。

(6)推演论证。应急预案编制完成后,要充分检验实用性和可操作性,可以采取多种形式的推演,包括现场演练、沙盘推演、模拟程序演练等多种方式。

(7)评审应急预案。其内容包括养护与管理单位内部自审、征求涉路相关单位意见、召开专家评审会等。

(8)公布和备案。公路隧道养护与管理单位的应急预案经评审或者论证后,由本单位主要负责人签署公布,并及时发放到本单位有关部门、岗位和相关应急救援队伍。隧道养护与管理单位还应当在应急预案公布之日起,按照有关规定和分级属地原则,向属地安全生产监督管理部门和有关部门进行告知性备案。

147. 公路隧道应急预案编制的基本要求有哪些?

答：公路隧道应急预案应具有合法合规、切合实际、责任和措施明确、注重衔接等特点,其编制的基本要求如下:

(1)符合有关法律、法规、规章和标准的规定。

公路隧道突发事件应急预案编制必须符合有关法律、法规、规章和标准的规定,这是最基本的要求。

(2)符合本地区、本单位的安全生产实际情况。

公路隧道突发事件应急预案编制前,养护与管理单位应掌握本单位应急物资配置、应急队伍建设、应急响应能力、应急文化建设等情况,还应调查和掌握本地区可以调用的应急资源情况。这些情况是应急能力评估的基础资料。

(3)符合本地区、本单位的危险性分析情况。

公路隧道突发事件应急预案编制前,养护与管理单位应结合本地区、本单位情况编制风险辨识手册,并对各类风险源进行风险评估,明确主要风险,形成风险评估报告。该成果是应急能力评估的基础资料,也是确定应急预案中突发事件的主要依据。

(4)应急组织和人员的职责分工明确。

公路隧道突发事件应急预案中,必须有明确的应急组织机构,组织机构中的领导小组、专家组、各专业组应有明确的职责划分,确保应急体制和机制运行有效。

(5)有明确、具体的应急程序和处置措施,并与其应急能力相适应。

公路隧道突发事件应急预案编制过程中,养护与管理单位应结合风险评估和应急能力评估成果,针对主要风险制订专门的应对措施,明确预警方式、响应程序和处置措施等。对于超出本单位应急能力的情况,应通过与上级单位、属地政府预案的衔接,调动专业的公共应急资源进行处置,养护与管理单位做好配合工作。

(6)有明确的应急保障措施,满足本单位应急工作需要。

公路隧道突发事件应急预案编制过程中,根据本单位应急工作需要,养护与管理单位要明确本单位应急物资和装备的类型、数量、性能、运输方式、保管(定期检测和维护)要求、使用条件、管理责任人、管理检查等内容;明确应急救援队伍的人员数量、条件、培训及相关管理等内容。

(7)应急预案基本要素齐全、完整,应急预案附件提供的信息准确。

公路隧道突发事件应急预案编制过程中,养护与管理单位要根据现行《生产经营单位生产安全事故应急预案编制导则》(GB/T 29639—2020)中规定的程序、要素、方法等相关要求开展编制工作,应急响应各个环节的内容,信息齐全、完整,并注意应急预案中提供的各种信息的准确性和时效性。

(8)应急预案内容与相关应急预案相互衔接。

应急预案编制前,养护与管理单位收集的资料包括属地政府、上级单位、相邻路段管理单位的应急预案,应急预案编制过程中应注意与这些预案协调一致、相互衔接,实现联动响应。

148.公路隧道事故应急预案一般包括哪些核心要素?

答:通过对国内外公路隧道事故以及其他行业应急预案要素的分析,公路隧道事故应急预案一般包括以下12个核心要素。

(1)预案启动:确定预案的启动条件及启动程序。

(2)预警与通知:是应急救援迅速启动的关键,接到报警后进行初步分析,筛选掉不正确的信息,落实事故的地点、时间、类型、范围,初步分析事故趋势等。

(3)警报系统与紧急通告:建立应急通信程序,事故被确认后立即通报应急指挥中心,及时向公众和各救援单位发出应急警报。

(4)现场指挥与控制:以事故发生后确保公众安全为主要目标,按照应急预案的响应程序指挥、协调救援行动,合理使用应急资源,使事故迅速得到有效控制。

(5)通信:确保报警和通信器材完好,并能正确使用报警和通信器材,保持信息渠道24小时畅通。

(6)事态监测:监测和分析事故可能造成的危害性质和程度,以便提高或降低应急警报级别,并采取相应的对策。

(7)人员疏散与安置:准确估计事故影响范围、影响区域,通过紧急广播等方式向隧道内受困人员传递逃生线路、避难所等信息,并组织疏散、撤离,积极搜寻、营救受伤及受困人员,建立现场人员的避难所。

(8)警戒与治安:为保障救援工作顺利开展,救援现场要设定警戒区域,实施交通管制,保障救援队伍、物资供应、人员疏散的交通畅通。

(9)医疗与卫生服务:报告当地卫生部门,及时实施急救,提供应急需要的医疗设备和急救药品。

(10)应急人员安全:应急救援行动的原则应是优先确保公众和救援人员的安全,严禁冒险指挥,防止造成次生灾害。

(11)信息公开:在重大事故中应明确应急过程中的媒体及公众发言人,协调外部机构,及时与各部门和相关社会服务机构联系。

(12)善后复原:在应急救援完成后,应尽快组织善后复原工作。

在研究确定以上 12 个核心要素的内容之后,需通过预案的推演,将这些要素串接成一个可执行的应急计划。

149. 公路隧道应急预案编制应注意哪些问题?

答:公路隧道应急预案编制中,除了满足基本要求外,还应注意以下问题:

(1)应急领导小组办公室设置。专项预案组织机构中应急领导小组办公室应设在 24 小时值班的岗位,如监控中心、信息中心、应急中心等。根据事态发展,可视情况将办公地点前移到指定位置。当日值班人员作为办公室成员,对应急领导机构负责,完成应急相关信息上报、资料收集等工作。

(2)超出本单位应急救援能力的突发事件处置。根据现场实际情况,对于超出养护与管理单位救援能力范围的事故,养护与管理单位应进行交通管制、程序上报、前期救援、现场保护,建立事故处置平台,提供工作条件,待执法单位(交警、公安、应急等)到场后移交指挥权,做好配合工作。

(3)建立完备的"突发事件应急保畅通讯录"。梳理在特大事故中需要报告的单位名单,包括值班电话号码等基本信息,值班室电话应保证 24 小时通信畅通。其中包括属地地方政府、应急、环保、电力、气象、卫生、属地公安、交警、消防、医院等相关单位。

(4)积极签订安全协议。要重视与周边医院签订绿色通道协议书,突发事件发生后,直接通过绿色通道让受伤人员接受医治,赢得医治时间;与属地的交警部门签订相关涉路事故处置的授权等;与三大运营商签订短信通知协议,必要时利用隧道内基站向隧道内滞留人员发送逃生信息。

(5)建立专家库,提供有力的技术保障。专家库成员由管理专家和技术专家两部分组成。突发事件应急保畅通讯录中的单位主要人员以管理专家的身份入库,并主动呈送《突发事件应急预案征求意见稿》征求意见。邀请防灾救援、隧道管理、隧道工程设计、机电工程、质量管理等方面的技术专家入库,并主动呈送《突发事件应急预案征求意见稿》征求意见。突发事件处置中,应及时向专家咨询相关技术问题。

150. 公路隧道应急预案评审可采取哪些程序?

答:依据现行《生产安全事故应急预案管理办法》规定,应急预案应进行评审,结合我国部分重要公路隧道(如秦岭终南山公路隧道)应急预案的评审经验,其评审程序如下:

(1)由预案编制小组完成风险评估、应急能力评估、预案文本等内容,并进行单位内部评审,可邀请在单位长期参与应急救援、经验丰富的管理和现场人员参加,形成《突发事件应急预案(征求意见稿)》。

(2)对《突发事件应急预案(征求意见稿)》进行意见征集,范围为上级公路管理机构,公路隧道的设计单位,属地应急、公安、交警、医院、运营商等单位,按意见完善预案,修订完善后形成《突发事件应急预案(评审稿)》。

(3)邀请行业内应急管理和技术专家成立《突发事件应急预案》评审专家组,召开评审会,对《突发事件应急预案(评审稿)》进行评审。按专家意见修改后形成预案最终稿。

(4)应急预案编制完成后印发成册,由应急预案编制组负责人签署公布,并向行业主管单位及属地安监部门进行备案。

151. 应急预案评审要点有哪些?

答:应急预案评审应坚持实事求是、注重可操作性等工作原则,结合养护与管理单位工作实际,按照现行《生产经营单位生产安全事故应急预案编制导则》(GB/T 29639—2020)和公路交通行业规范,通常从以下7个方面进行评审。

(1)合法性:符合有关法律、法规、规章和标准,以及有关部门和上级单位规范性文件要求。

(2)完整性:结合《生产安全事故应急预案管理办法》的要求,具备现行《生产经营单位生产安全事故应急预案编制导则》(GB/T 29639—2020)所规定的各项要素。

(3)针对性:应急预案要紧密结合本单位危险源辨识与风险评估成果。

(4)实用性:结合本单位工作实际,与生产安全事故应急处置能力相适应。

(5)科学性:组织体系、信息报送和处置方案等内容科学合理。

(6)可操作性:应急响应程序和保障措施等内容切实可行。

(7)衔接性:综合应急预案、专项应急预案和现场处置方案形成体系,并与政府、相关部门及单位应急预案衔接。

152. 法律法规、行业规范对应急演练的频率是如何规定的?

答:由中华人民共和国应急管理部颁布自2019年9月1日起施行的《生产安全事故应急预案管理办法》中明确要求,生产经营单位应当制订本单位的应急预案演练计划,根据本单位的事故风险特点,每年至少组织一次综合应急预案演练或者专项应急预案演练,每半年至少组织一次现场处置方案演练。易燃易爆物品、危险化学品等危险物品的生产、经营、储存、运输单位,矿山、金属冶炼、城市轨道交通运营、建筑施工单位,以及宾馆、商场、娱乐场所、旅游景区等人员密集场所经营单位,应当至少每半年组织一次生产安全事故应急预案演练,并将演练情况报送所在地县级以上地方人民政府负有安全生产监督管理职责的部门。

《公路隧道养护技术规范》(JTG H12—2015)中规定,应急预案的演练应采用答题演练、沙盘演练和实地演练的形式进行。高速公路独立长隧道和特长隧道,以及其他公路的特长隧道,每年应至少进行一次实地演练。管理多座长隧道或特长隧道的管养单位,每年应至少选取一座隧道进行实地演练。

结合法律法规、行业规范的规定,高速公路独立长隧道和特长隧道,其他公路的特长隧道养护与管理单位,以及管理多座长隧道的养护与管理单位,每年应至少选择一座长隧道或特长隧道进行预案演练。

153. 应急预案管理中需要注意哪些问题?

答:应急预案管理一般遵循属地为主、分级负责、分类指导、综合协调、动态管理的原则。在应急预案管理的各个环节,隧道养护与管理单位应注意以下方面。

(1)应急预案的签发、备案。养护与管理单位的应急预案经评审或者论证后,由本单位主要负责人签发执行,及时发放到本单位有关部门,并向当地安监部门报备和向相关单位进行抄送。

(2)应急预案培训。编制单位要结合工作实际,在预案编制完成后对相关人员进行培训,使其掌握应急预案内容,熟悉应急职责、应急处置程序和措施。应急培训的时间、地点、内容、物资、参加人员和考核结果等情况,应当如实记入安全生产教育和培训资料。预案的培训过程也是对应急预案的测试过程,通过培训可完善预案细节。预案如果有更新,更新后必须及时对更新内容进行培训。

(3)应急演练。应急演练是依据应急预案模拟突发事件进行的实地演习,一方面可以检验应急预案的实用性和可操作性,另一方面可以检验各救援部门协调配合、快速救援的能力等。隧道养护与管理单位应根据运营管理的需要和预防隧道内出现突发事件的可能,统一组织,各部门配合,按法律、法规要求定期开展应急演练。

(4)应急预案的修订。应急演练完成后,应进行分析和总结,分析应急预案的实用性和可操作性,总结应急处置各个环节衔接情况、各部门在演练中的协调配合情况以及在哪些方面尚需要提升改进等。根据《生产安全事故应急预案管理办法》第三十六条规定,有下列情形之一的,应急预案应当及时修订并归档:

①依据的法律、法规、规章、标准及上位预案中的有关规定发生重大变化的;
②应急指挥机构及其职责发生调整的;
③安全生产面临的风险发生重大变化的;

④重要应急资源发生重大变化的;

⑤在应急演练和事故应急救援中发现需要修订预案的重大问题的;

⑥编制单位认为应当修订的其他情况。

(5)安全宣传。应采取多种形式开展应急预案的宣传教育,普及生产安全突发事件避险、自救和互救知识,提高从业人员及群众的安全意识与应急处置技能。

154. 开展应急演练的目的是什么？应急演练分为哪几类？

答:开展应急演练是加强应急管理水平,提升应急能力的有效途径,其目的可总结如下:

(1)**提高应对突发事件的风险意识**。各级领导、应急管理人员、救援人员和社会公众一般没有亲身经历过突发事件,很难深刻了解突发事件中出现的各种情况,虽然可以通过学习培训获得处置突发事件需要的技能和知识,但无法体会经历真实突发事件的心理状态。开展应急演练,通过模拟真实事件及应急处置过程能给参与者留下更加深刻的印象,让其从直观上、感性上真正认识突发事件,从而提高对突发事件风险源的警惕性并增强应急意识,主动学习应急知识和处置技能,提高自救、互救能力,保障人民生命与财产安全。

(2)**检验应急预案的可操作性**。通过应急演练,可以检验应急预案在应对可能出现的各种突发事件方面的适应性;验证应急预案的整体或关键性环节是否可以有效地付诸实施;可以检验应急工作机制、应急反应和应急救援能力等。

(3)**增强突发事件应急反应能力**。应急演练是检验、提高和评价应急能力的一个重要手段,通过应急演练可以提高各级领导者应对突发事件的分析研判、决策指挥和组织协调能力;可以帮助应急管理人员和各类救援人员熟悉突发事件情景,提高应急熟练程度和实战技能;进一步明确相关单位和人员的职责任务,理顺工作关系,改善各应急组织机构、人员之间的交流沟通、协调合作;通过持续、定期的演练,可以让公众学会在突发事件中保持良好的心理状态,减少恐惧感,配合救援人员共同应对突发事件,从而有助于提高整个社会的应急反应能力。

应急演练可按内容、形式等进行划分,具体如下:

(1)**按演练内容划分,应急演练可分为单项演练和综合演练。**

单项演练:又称功能演练,是指针对某项应急响应功能或其中某些应急响应活动进行的演练活动。单项演练可以像桌面演练一样在指挥中心内举行,也可以开展小规模的现场演练,调用有限的应急资源,主要目的是针对特定的应急响应功能,检验应急响应人员某项保障能力或某种特定任务所需技能,以及应急管理体系的策划和响应能力。常见的单项演练有:通信联络、信息报告程序演练;人员紧急集合、装备及物资器材到位演练;化学监测动作演练;防护行动演练;指导公众隐蔽与撤离,通道封锁与交通管制演练;医疗救护行动演练;人员和治安防护演练等。

综合演练:又称全面演练,是指针对某一类型突发事件应急响应全过程或应急预案内规定的全部应急功能,检验、评价应急体系整体应急处置能力的演练活动。综合演练一般采取交互式的方式进行,演习过程要求尽量真实,调用更多的应急资源,开展人员、设备及其他资源的实战性演练,并要求所有应急响应部门(单位)都参加,以检查各应急处置单元的任务执行能力和各单元之间的相互协调能力。

(2)按演练形式划分,应急演练可分为模拟场景演练和实战演练。

模拟场景演练:也称为桌面演练,是指由应急指挥机构成员以及各应急组织的负责人参加,利用地图、沙盘、流程图、计算机模拟等辅助手段,按照应急预案及其标准运作程序,以桌面练习和讨论的形式对应急过程进行模拟的演练活动。演练一般通过分组讨论的形式进行,信息注入的方式包括灾害描述、事件描述等,只需展示有限的应急响应和内部协调活动。模拟场景演练一般针对应急管理高级人员,在没有时间压力的情况下,演练人员检查和解决应急预案中问题的同时,获得一些建设性的讨论结果。模拟场景演练可以锻炼演练人员制订应急策略、解决实际问题的能力,以及解决应急组织相互协作和职责划分的问题,达到提高应急反应能力和应急管理水平的目的。

实战演练:参加演练人员利用应急处置涉及的设备和物资,针对预先设置的突发事件情景及其后续的发展情景,通过实际决策、行动和操作,完成真实应急响应的过程,从而检验和提高相关人员的临场组织指挥、人员调动、协调配合、应急处置和后勤保障等应急能力。实战演练通常在特定场所完成,可进行单项演练或综合演练。

应急演练要根据演练的目的、目标,选择最恰当的演练方式,并且牢牢抓住演练的关键环节,达到演练目的,重在对公众风险意识的培养、对紧急情况下应急处置和逃生方法的掌握以及自救能力的提高。

155. 应急演练的基本流程有哪些?各阶段的主要任务是什么?

答:应急演练的基本流程包括计划、准备、实施、评估总结、持续改进等5个阶段(图5-9)。各阶段主要任务具体如下:

(1)应急演练计划阶段。

应急演练计划阶段主要工作依据演练目的进行需求分析和任务安排,重点对演练的突发事件类型、形式、时间、地点、规模,参与的部门、人员,资源保障,演练经费预算等进行规划。

(2)应急演练准备阶段。

应急演练准备阶段主要工作包括成立应急演练组织机构、编制应急演练文件、安排应急演练保障工作等。

成立的应急演练组织机构一般包括策划与导调组、宣传组、保障组、评估组和参演队伍等。

编制应急演练文件是指根据应急演练的内容,对演练准备、演练实施以及评估总结3个阶段中的每一个环节和要求制订详细周密的计划,使演练根据计划有序进行。

具体工作为制订演练工作方案、安全及各类保障方案、宣传方案,根据演练需要编制演练脚本和观摩手册等。

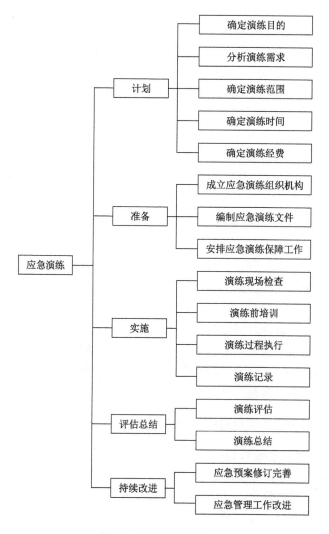

图 5-9 应急演练基本流程

安排应急演练保障工作是指根据演练工作需要,做好组织与实施需要的各项保障工作,主要包括人员保障、物资和设施器材保障、场地保障、经费保障、安全保障、通信保障及需要的其他保障。

(3) 应急演练实施阶段。

应急演练实施阶段主要工作包括演练现场检查、演练前培训、演练过程执行和演练记录等工作。

演练现场检查工作是指在演练实施前,确认演练所需的设施设备(包括安全设施设备)、参演人员及技术资料到位,设施、设备状况良好,电力、通信系统正常,确保演练能安全、有序进行。

演练前培训工作是指在演练正式开始前,对参加演练人员进行演练内容培训,使其掌握演练规则、主要内容、场景、各岗位职责和注意事项等。

演练过程执行工作分为桌面演练执行和实战演练执行,其中桌面演练执行是演练执行人员按照应急预案或演练方案发出信息指令后,参演部门(单位)和人员依据接收的信息,以回答问题或模拟推演的形式,完成应急处置活动;实战演练执行是按照应急演练工作方案,开始演练后有序推进各个场景,并开展现场点评,妥善处置突发事件,完成各项演练活动,直至宣布演练结束或因意外终止演练。

演练记录工作是指演练实施过程中,安排专门人员采用文字、照片和音像等手段记录演练过程。

(4)应急演练评估总结阶段。

演练评估总结阶段工作包括演练评估和演练总结。

演练评估按照《生产安全事故应急演练评估规范》(AQ/T 9009—2015)中第7.1~7.4条及养护与管理单位评估方案中的要求执行。

演练总结是指应急演练结束后,演练组织单位应根据演练记录、演练评估报告、应急预案、现场总结材料,对演练进行全面总结并形成书面总结报告;演练组织单位还应将演练工作方案、应急演练书面评估报告、应急演练总结报告等文字资料,以及记录演练实施过程的相关图片、视频、音频等资料归档保存。

(5)应急演练持续改进阶段。

应急演练持续改进阶段工作包括应急预案修订完善和应急管理工作改进。

应急预案修订完善是根据演练评估报告对应急预案的修改建议,按程序对预案进行修订完善。

应急管理工作改进是应急演练结束后,演练组织单位根据应急演练评估报告和总结报告中提出的问题、建议,对应急管理工作进行持续改进,督促相关部门和人员,制订整改计划,明确整改目标,制订整改措施,落实整改资金,并持续跟踪督查整改情况。

156. 应急演练实施前,应重点做好哪些准备工作?

答: 养护与管理单位应按法律法规要求开展应急演练,应急演练开展前应重点做好以下准备工作。

(1)由演练方案主要编制人员,对全体参加演练人员进行演练前培训和细节讲解,使其熟悉方案和设计思路,严格按照预先设定的应急预案响应程序进行,做到相互对应。

(2)参加演练单位要提前检查、补充演练需要的物资、装备和救援器材,并确保状况良好。对所有参加演练人员配备必需的个人安全防护装备(如反光背心、防烟口罩、强光手电等),保证演练过程中人身安全。

(3)指挥中心提前进行预演和推演,规划救援路线,清楚传达指挥员指令,同时切换事故现场,规划各单位出警救援路线。

(4)救援人员对演练路段进行检查,保证相关路段适合进行演练(如没有积雪、结冰、交通事故或交通堵塞等情况),熟悉救援路线和时间节点。

(5)针对事故车辆摆放位置和摄像机机位提前做好衔接,确保救援视频可以清晰地传到指挥中心。

157. 应急演练过程中应注意哪些事项?

答:养护与管理单位在应急演练过程中,应注意以下事项。

(1)演练预先通知,确保演练人员和可能受其影响的人员都知道这是一次模拟紧急事件;参加演练人员必须保证本人及公众安全,不得接触不必要的危险环境,也不得使他人遭受危险。

(2)设计模拟情景行动时,在可能使用仿真方法来提高演练真实程度的地方,如虚构受伤人员和灭火地段等,必须首先考虑可能影响隧道安全运行的所有问题。

(3)参加演练人员应加强技能、体能训练,确保按要求完成演练。

(4)注意保证隧道内通行安全、道路安全及人身安全,在演练的各个地点应采取完备的警示措施。

(5)演练不应要求承受极端的气候条件或污染水平,不应为了演练需要而污染环境或造成危险。

(6)参加演练人员应将演练事件或信息当作真实事件或信息做出响应,应将仿真的危险条件当作真实情况采取应急行动。

(7)所有参加演练人员应当遵守相关制度、规定,听从指挥中心命令。

(8)参加演练人员必须通过现有信息传递渠道(可变信息标志、紧急广播、无线对讲机、警铃等)了解必要的信息,演练过程中传递的所有信息都必须具有明显标志,参加演练的各单位及演练各地点的负责人应保证手机畅通。

158. 应急演练过程归档资料有哪些?

答:资料的规范归档是安全管理的重点之一,在应急演练结束以后,要对整个过程资料进行整理、归档。归档内容应该包括:演练科目的设计、预演前的推演、演练方案的制定、演练通知、演练请示、现场秩序册、参加演练单位的演练记录、路况信息上报表、演练人员签到表、演练后评估意见、演练会议纪要、演练过程中的影像资料等。

159. 养护与管理单位的应急管理通常存在哪些问题?

答:养护与管理单位的应急管理主要包括应急预案、应急演练、应急设备和物资、

应急人员等的管理工作。不同应急管理工作存在的问题如下:

(1) 应急预案。

①应急预案体系不完整。根据《生产经营单位生产安全事故应急预案编制导则》(GB/T 29639—2020)相关规定,公路隧道养护与管理单位的应急预案需包括综合应急预案、专项应急预案和现场处置方案,部分单位应急预案体系不完整。

②应急预案质量低,操作性不强。普遍存在照搬照抄上级、其他单位的预案现象;有的预案通篇都是原则性用语,没有具体操作的实际内容;有的执行主体不明,预案内容与实际工作脱节;有的文字拖沓烦琐,指导性不强。

③各项应急预案以及预案本身缺乏衔接,协调性差。有的预案内容前后矛盾,应急响应级别和响应行为衔接混乱;有的预案没有征求各部门意见,导致部门职责交叉、分工不清,预案协调性差。

④应急预案动态管理滞后。普遍存在制订完毕就将应急预案束之高阁,对预案中规定的处置原则、要求、程序及技能等不进行培训,更不结合本地区、本单位、本部门实际进行演练;预案实施后发现有不适应之处,不及时进行修订、完善。

⑤应急预案实施与现有投入不适应。如预案中明确的应急保障,因实际财力、人力有限,未能有效落实。此外,应急预案的修订、宣传、培训、演练和评估等也缺乏必要的经费保障。

(2) 应急演练。

①应急演练频率不足,未能达到每年至少组织一次综合应急预案演练或专项应急预案演练,每半年至少组织一次现场处置方案演练的要求。

②未按照应急预案开展应急演练,演练中应急程序和处置措施与预案要求不一致。

③应急演练场景设计不合理,演练与实际情况脱节或内容简化并流于形式,应急预案演练效果弱化,对参与人员应急处置能力提升不足。

④应急演练开展范围窄,演练人员仅有本单位路政、安全管理人员,不能使所有相关人员了解预案内容,熟悉应急职责、应急处置程序和措施。

⑤演练结束后,未对应急预案的实施情况进行总结评估,预案需要修订时未及时修订。

(3) 应急设备和物资。

①在日常的应急管理工作中,部分隧道养护与管理单位存在忽视应急设备、物资等配置,导致应急设备、物资配备与应急预案不匹配,不能满足应急工作的要求。

②应急设备与日常养护设备、物资同处放置,未建立台账,管理混乱,存在应急条件下应急设备、物资不能及时就位的风险。

③忽视应急设备保养维修问题,不能确保应急设备长期处于正常状态,不能保障应急抢险工作顺利开展。

(4) 应急人员。

①与应急预案要求脱节,养护与管理单位应急人员配备不足。
②结合应急预案的相关规定,应急人员培训不足,应急处置能力不满足所管辖隧道应急处置的要求。

160. 以火灾事故为例,常规的公路隧道应急演练程序有哪些?

答: 以火灾事故为例,常规的公路隧道应急演练有以下程序。

(1)开始及报告阶段。参观演练人员、参加演练人员、参加演练车辆准备到位,道路临时封闭,由现场负责人报告,演练准备就绪。

(2)警情发现和现场确认阶段。由事故现场人员通过火焰探测器、手动报警系统或者紧急电话进行报警,监控值机员锁定事故位置进行视频监控,根据事故类型、规模启动相应应急响应,应急领导小组启动专项应急预案。

(3)交通管控阶段。监控中心按照预案规定的顺序通知相关部门或人员出警救援,封闭交通、保护现场,进行初期救援。同时向上级管理单位和行业路网中心进行路况信息报送,对事故点附近的车道指示器、可变信息标志信息进行更改,进行预警提示,加强现场照明,通过风机对隧道内风向、风速进行控制,在事故点附近连续3km以上进行紧急广播提示,完成隧道内机电设备的联动。

(4)响应提升阶段。火灾突发事件进一步发展,已超出本单位处置能力,应急领导小组根据现场情况,向上级单位报告,提出提升响应级别的建议,并向消防部门报警救援。

(5)人员疏散阶段。路政、消防救援人员到达事故现场,路政人员进行现场警戒,组织人员进行现场勘验,根据科目设置,消防救援人员到场后做好自我防护措施,为滞留人员发放防护面具(消防)并引导其前往安全区域。

(6)火灾控制阶段。消防救援人员到达火场进行勘验,判断火灾类型后使用相应的救援设备进行灭火。灭火后多次检查着火车辆,强制冷却,防止复燃,火场彻底检查完毕无复燃迹象,消防救援人员整理装备撤离现场。

(7)现场清理阶段。根据需要加强隧道内风机排烟,路政人员勘查事故现场,对事故车辆进行拍照、取证,检查路产损失。养护人员清除垃圾、清洗路面。

(8)检查检测阶段。土建、机电技术人员利用专业设备对隧道的土建结构和机电系统进行检测,利用空气检测仪对隧道空气质量进行检测。现场指挥人员结合现场采集的数据对事故现场进行评估。

(9)养护修复阶段。根据现场评估结果,确定土建结构完整,机电设施完好,空气质量满足通行条件,确定解除交通管制;若土建结构或机电设施在火灾中受损,养护人员应立即进行维修,修复后解除交通管制。

(10)交通恢复阶段。路政人员引导滞留车辆驶离现场,相关管制路段开放交通,所有机电设备恢复正常工作,向上级管理单位和行业路网中心进行解除路况信息报送。

(11)结束及报告阶段。由现场负责人报告演练已经按照预定科目操作完成,解除全线交通管制。

(12)后评估阶段。组织主要参加演练人员对事故进行后评估,包括出警的顺序、时间、存在的问题,提出可优化的措施,总结提高。

附录 A 隧道日常巡查记录表

表 A-1

_____隧道_____洞日常巡查记录表

序号	巡查项目	威胁交通安全异常现象	现场状态		处理措施		备注
			不存在异常现象	存在异常现象	清除	报告	
1	洞口边仰坡	边坡滑动、落石					
2	洞门结构	大范围开裂、砌体断裂、脱落					
3	衬砌	大范围开裂、明显变形、结构性裂缝深度贯穿衬砌混凝土、衬砌掉块					
		地下水大规模涌流、喷射					
4	路面	散落物、严重隆起、错台、断裂、涌泥沙或大面积严重积水					
5	洞顶预埋件和悬吊件	严重锈蚀、断裂、变形或脱落					

巡查人：　　　　　记录人：　　　　　　　　　　时间：___年___月___日___时

填报说明：

1. "现场状态"存在问题时打"√"，不存在问题时打"×"。
2. "处理措施"为"报告"时，应备注报告对象及具体时间。
3. "备注"处还可填写影像资料情况。

附录B ×××公路隧道应急救援中心应急车辆、器材介绍

×××公路隧道应急救援中心储备了完善的应急救援物资,其中部分应急救援车辆、器材使用效果良好,值得广大隧道养护与管理单位借鉴。需要说明的是,该单位养护与管理的这座隧道长度超过10km,该中心配备了医疗救护车和消防车,这是遵照地方相关法规配备的。

(1)医疗救护车。

该车配备了除颤仪、呼吸机、氧气罐等急救设备,能够在对受伤人员进行紧急处理后及时将其送往医院救治,为伤员赢得大量救治时间。

(2)干粉消防车。

该车容载干粉量为2t,40L容量钢瓶9个,最高工作压力15MPa。

干粉炮射程为35m,射率为30kg/s。

干粉枪射程为12m,射率为2.5kg/s。

车载炮可用时长1.5~2min。

其适用于可燃气体燃烧、可燃金属燃烧引起的火灾和带电火灾。

(3)水罐消防车。

该车载水量为6t,加速性能好,具有边行驶边喷射灭火剂的功能。

消防炮:射程不小于55m,最大流量为30L/s,车载炮可用时长为3min。

19mm水枪:有效射程不小于16m,最大射程不小于20m,射水量为6.5L/min。

一支水枪用时15min。

其适用于普通固体可燃物燃烧引起的火灾。

(4)抢险救援车。

该车配备多种抢险救援器材和照明装置。

①固定照明灯(4×1000lx)最大升高高度8m,具有360°旋转功能,上下仰角120°,适用于夜间事故现场和火场照明。

②超高压液压机动泵质量轻、体积小、工作可靠、操作方便,是一种便携式设备。它配备两套接口,可同时接两台工具,通过操作手动换向阀可使其中任意一台工具工作。它具有高、低压两级压力输出功能,能根据外部负载的变化自动切换高、低输出压力。低压工作时,输出大流量使配套工具在空行程时快速运动,节省时间。在配套工具负载工作时,则自动切换成高压来满足需求,在这种情况下,其很适合做液压破拆工具的动力源。

③超高压手动泵工作压力为 63MPa,主要通过手柄上下工作,把液体的压力能转化为机械能,为液压破拆工具提供动力。它适用于狭小空间救援和机动泵无法使用时,用来保证液压救援设备的正常使用。

④液压扩张器具有扩张、牵引、夹持、分离等多种功能,工作压力 63MPa,最大开口距离 60cm,额定扩张力 42kN,最大扩张力 120kN。具有双向液压锁和自动复位手控阀组合,可保证操作者的安全。该设备为高强度轻质合金制造,质量小、扩张力大,可以扩张到任何位置不回缩,具有优越的自扩性能。

⑤液压剪切器是一种以剪切圆钢、型材及线缆为主的专用抢险工具,工作压力 63MPa,开口距离 15cm,最大能够剪断直径 28mm 的圆钢。它用于破拆金属或非金属结构,解救被困者。

⑥液压万向剪切钳是一种剪切板材的专用抢险救援工具,工作压力 63MPa,开口距离大于 60mm,剪切力 150kN,最大剪断钢板 6mm,质量 6kg。它用于狭小空间破拆金属结构,解救被困者。万向剪切钳刀头可任意转变方向,有利于在狭小空间作业。手控换向阀控制刀具的张开与闭合,手控换向阀处于中位时,刀具不运动。

⑦液压多功能钳是一种以剪切板材和圆钢为主,兼具扩张、牵拉和夹持功能的专用抢险救援工具,用于破拆金属或非金属结构。刀具由可重磨的高级工具钢制造,可剪切、可扩张。通过连接机动泵或手动泵,液压力推动活塞,通过连杆将活塞的动力转换成刀具的转动运动,从而对破拆对象实施剪、扩、拉、夹的救援作业。手控换向阀控制刀具地张开和闭合,手控换向阀处于中位时,刀具不运动。

⑧电动剪扩钳采用特制合金加工,内置油压泵,BC-250 组合工具使用液压操控,张开、合拢毫不费力。工作压力 63MPa,最大开口距离 30cm,最大切割力 325kN,最大扩张力 135kN,最大能够剪断直径 22mm 的圆钢、5mm 厚板材。它的优点在于:a. 质量小,无须通过油压操作,却能产生强大的剪切力和扩张力;b. 兼顾剪切和扩张两种功能;c. 不需要任何外界动力即可工作,自带电池供电,液压操控,无需软线电缆,每充电一次能够工作 2~4h,维护方便,工作时不产生火花,可以在易燃环境抢险救援。

⑨瑞典纯进口的胡斯华纳 K970 金属切割机,为拉绳启动,质量 9.1kg,锯片直径 350mm,切割深度 260mm,可切割金属和混凝土等材料。其优点是质量小、体积小、切割速度快、操作简便、易于掌握。

(5)消防摩托车。

消防摩托车是一种方便快捷、机动灵活的灭火工具。在事故造成交通堵塞,普通救援车无法到达时,消防摩托车就能发挥它轻便灵活的特点,从车流中穿插进入火场,对初期火灾的扑灭、事故现场信息传递起着重要作用。

①背负式救援摩托车。救援摩托车上设置背负式细水雾灭火器,该灭火器是将高效细水雾灭火装置同空气呼吸器进行合理配置,既方便灭火人员携带进入火场进行快速灭火,又能对灭火人员的呼吸系统进行保护。该灭火器质量合理、背负舒适、操作简单、灭火效率高、维护方便,特别在火灾初期阶段起到明显效果,可以扑灭 A、B、C、E 类的较大初期火灾。背负质量 25kg,罐容量 12L(2×6L),喷射扬程直流 16m、微滴 5m,流量 18L/min,空气呼吸器容量 6.8L,可供呼吸时间大于 20min。

②车载式救援摩托车。摩托车尾部两侧各带有一个直径22cm、长约50cm的银色椭圆形储液罐,每个储液罐内盛放20L灭火剂,有30m长软管,工作压力30MPa,泡沫射程为11~15m,泡沫流量22~23L/min。对可燃液体有高效扑救作用,可完全控制燃烧气体,在灭火时不会引起燃烧碎片飞溅,易于操作,安全性强。其适合于普通固体可燃物、油脂和一切由可燃液体燃烧引起的火灾。

附录C ×××公司突发事件综合应急预案编制提纲

一、编制目的

为了贯彻落实"安全第一、预防为主、综合治理"的安全生产方针,坚持"以人为本"的发展思想……

二、编制依据

《中华人民共和国突发事件应对法》、《生产经营单位生产安全突发事件应急预案编制导则》(GB/T 29639—2020)……

三、适用范围

本预案适用于×××公司负责启动的×××级及上级部门责成×××公司处置的突发事件,以及需要×××公司提供应急保障或支持的其他突发事件。具体包括:
①交通突发事件、机电系统故障、路面抛洒物等,……处置的应急行动;
②水毁、滑坡、塌方等不可抗因素引发的灾害,……应急行动;
③运营桥梁、隧道出现损毁、垮塌造成……应急行动;
④防汛抢险、除雪保障……应急行动;
⑤其他突发事件需采取的应急行动。

四、应急预案体系

×××公司应急预案体系由1个综合应急预案、X个专项应急预案、X个现场处置方案组成(表C-1)。

应急预案分类表　　　　　表C-1

序号	名称	名目
1	综合应急预案	突发事件综合应急预案
2	专项应急预案	隧道火灾突发事件专项应急预案
		关键机电系统故障突发事件专项应急预案
		……

续上表

序号	名称	名目
3	现场处置方案	隧道火灾突发事件现场处置方案
		关键机电系统故障突发事件现场处置方案
		……

（一）综合应急预案

综合应急预案是为应对各种突发事件而制订的综合性工作方案,是应对突发事件的总体工作程序、措施和应急预案体系的总纲……

（二）专项应急预案

专项应急预案是为应对某一类型或某几种类型事件,或针对重要生产设施、重大危险源、重大活动等内容而制订的应急预案……

（三）现场处置方案

现场处置方案是公司根据不同突发事件类别所制订的应急处置措施,包括突发事件现场安全保畅方案、火灾突发事件现场处置方案……

五、应急工作原则

×××公司在属地政府的统一组织和指挥下,开展突发事件应急处置工作,遵循以下原则：

①预防为主,防救结合。……

②以人为本,生命第一。……

……

六、突发事件风险描述

针对可能发生的突发事件,可能引起的直接后果以及次生、衍生后果,……

七、应急组织机构

×××公司成立突发事件应急领导小组。

组长：……

副组长：……

成员：……

成立应急领导小组办公室。突发事件发生后成立应急指挥机构,办公点设在×××,×××为办公室主任,在×××情况下×××为办公室主任,指导开展具体工作。

(一) 应急领导小组职责

接受属地政府和上级单位的指挥和行业指导……

组长主要职责:……

副组长主要职责:……

各成员职责如下:

专家:……

监控中心:……

养护科:……

机电科:……

办公室:……

……

(二) 应急领导小组办公室职责

接受属地政府和上级单位的指挥和行业指导,按照指令开展本单位养护与管理范围内突发事件处置工作,决定启动或终止突发事件的应急响应行动,负责……

八、预警及信息报告

(一) 预警预防

根据收集的各类养护与管理数据、信息等资料,进行统计分析,如发现当前上报数据、信息变化状况较明显,呈向突发事件险情发展态势,按照预案进行预警预防。

(二) 预警信息分类

根据突发事件发生的原因、过程、性质和机理,突发事件预警信息主要分为以下几类:

(1) 自然灾害:主要包括洪水灾害、冰雪灾害、地震灾害、地质灾害等。

(2) 突发事件灾害:主要包括运营管理中发生的各类突发事件、交通运输突发事件及设备突发事件等。

……

(三) 预警分级

各类突发事件按性质、严重程度、可控性和影响范围等因素,分为四级:Ⅰ级(特别重大)、Ⅱ级(重大)、Ⅲ级(较大)、Ⅳ级(一般)。具体分级如下:

……

(四) 预警信息收集

收集的信息包括属地政府及应急、公安、气象等各部门的预报预警信息,上级单位的突发事件相关信息,本单位通过检查、巡查发现的各类信息,人民群众提供的突发事件信息,其他渠道获取的信息及需要本单位提供应急保障的突发事件信息等。具体如下:

……

(五) 预警信息发布

应急领导小组办公室接到预警信息后,确定预警等级,提出预警发布建议并上报应急领导小组,由应急领导小组决定是否下达预警发布指令。

1. 预警启动和发布程序

　Ⅰ、Ⅱ级预警:……

　Ⅲ级预警:……

　Ⅳ级预警:……

2. 信息报告

信息报告程序的主要内容为信息接收、信息上报、信息传递。

……

3. 信息内容

信息内容包括事件类型、发生时间、发生地点、事故原因初步分析判断、事件可能造成的危害程度、影响范围……

4. 信息接收

监控中心实行24h不间断道路监控,发现突发事件及时处理,监控中心报警电话:×××-××××××××,司乘人员也可拨打12122、122、120、110或119报警电话。

　路政大队发现:……

　日常巡查发现:……

　……

5. 信息上报

由应急领导小组办公室负责收集突发事件的信息,核实无误后向应急领导小组领导汇报,并按规定上报上级单位(电话:×××-××××××××)。

6. 信息传递

与应急、公安、自然资源、气象等有关部门和行业相关单位建立信息传递、共享和联动响应机制,畅通联络渠道,确保信息传递准确。

7. 信息共享

与邻近的×××公路管理公司、×××公路管理公司等建立路况信息共享机制,利用这些路段的可变情报板等及时发布信息,提前分流车辆。

九、应急响应

(一) 响应分级

本单位管辖范围内的突发事件按其可控性、严重程度和影响范围分为Ⅰ级(特别重大事件)、Ⅱ级(重大事件)、Ⅲ级(较大事件)、Ⅳ级(一般事件)。具体分级判别条件如下:

　……

(二) 响应程序

应急领导小组接收到突发事件报告后,响应程序和内容如下:
……

(三) 处置措施

本单位管辖范围内发生突发事件后,需要启动本预案时,应立即启动,采取"谁启动,谁结束"的原则。

应急领导小组在接到突发事件报告后,经分析判断后,立即下达预警指令,……

根据突发事件事态,如需属地政府的应急、公安、医疗等部门进行应急救援时,应……

应急处置过程中,应对前期处置效果不断进行评估,必要时……

(四) 应急结束

突发事件处置完毕,现场清理结束,依据"谁启动,谁结束"的原则宣布应急结束。

十、信息公开

由应急领导小组研究初步决定突发事件信息是否向社会发布,如需要,经……批准后,按照……

十一、后期处理

(一) 现场评估

突发事件处置完成后,由技术人员对土建结构、机电设施的技术状况进行检查和评估,评估是否具备通行条件,必要时……对于参与突发事件处置工作人员出现致病、致残、死亡的,按国家……

(二) 监督检查

应急领导小组负责对救援全过程进行监督检查,……

(三) 调查分析

应急领导小组负责配合上级有关单位进行突发事件调查工作,……

十二、保障措施

(一) 通信与信息保障

监控中心与隧道内、各救援部门、属地外部救援单位、上级单位、邻近养护与管理单位的通信与信息应得到保障,具体措施如下:
……

(二) 装备、物资、交通运输和应急队伍保障

(1) 装备保障:……

(2) 物资保障：……

(3) 交通运输保障：……

(4) 应急队伍保障：……

(三) 技术储备与保障

结合突发事件处置工作的调查、总结，由应急领导小组会同相关部门和单位开展突发事件预警、预防和应急处置技术研究，加强应急技术储备。必要时建立专家库，应急管理工作和应急救援中请相应专家指导。

(四) 应急人员的安全保护

根据突发事件具体情况，救援人员必须佩戴、携带相应个人防护装备和器材，……

(五) 群众的安全防护

根据突发事件具体情况，无论先期处置还是配合属地公安、消防等部门对群众进行疏散转移过程中，都应对群众进行相应的安全防护，……

(六) 社会力量动员与参与

本单位管辖范围内发生的突发事件，部分需要属地负有安全管理职责的单位参加应急救援，主要包括：

消防部门：……

公安部门：……

医疗卫生部门：……

……

十三、应急预案管理

(一) 应急预案培训

应急预案编制完成签发后，应组织相关人员进行培训，……

(二) 应急演练

应急演练可以检验预案的实用性和可操作性，也可检验应急状态下各部门协调配合、快速处置的能力。应依据……的要求，结合本单位……发生可能性，根据本预案开展应急演练。……

(三) 应急预案的修订

根据……的规定，有下列情形之一的，本预案应及时进行修订并归档，具体情形如下：

……

(四) 应急预案的备案

应急预案签发公布后，应及时到上级单位及当地安监部门进行备案管理，并向消防、医疗等单位发放。

十四、附则

(一) 责任与处罚

突发事件应急处置工作实行领导负责制和责任追究制,……

(二) 制定与解释部门

本预案由×××单位负责制定、修订、解释,自正式颁布之日起实行。

附录 D 公路隧道火灾突发事件专项应急预案编制提纲

一、编制目的

为确保及时妥善处置管辖范围内的公路隧道火灾突发事件，建立统一、规范、高效的公路隧道火灾突发事件应急指挥、处置、保障及预警体系，全面提高应对隧道火灾突发事件能力，确保管辖范围内隧道安全通畅，特制订本专项应急预案。

二、适用范围

本预案适用于……

三、突发事件风险分析

×××公司……分析突发事件发生的可能性以及严重程度、影响范围。

四、应急领导小组

×××公司成立隧道火灾突发事件应急领导小组。

组长：……
副组长：……
成员：……
应急领导小组办公室职责：……

五、响应程序

（一）应急领导小组应急响应程序

（1）应急领导小组接到火灾突发事件报警通知，了解具体情况，决定是否启动应急预案，……

（2）……

……

(二) 监控中心应急响应程序

(1) 监控中心视频巡检或接到火灾报警后,由监控班长确认火灾突发事件信息后,启动火灾事件响应程序;……

(2)……

……

(三) 机电科应急响应程序

(1) 如火灾造成通信中断或相关机电设备损坏,……

(2)……

……

(四) 路政队应急响应程序

(1) 接到火灾突发事件通知后,做好个人防护,根据监控中心通知的路线,迅速前往火灾现场,……

(2)……

……

(××) 扩大响应程序

应急响应启动后,若事态进一步扩大,超出本单位处置能力,由应急领导小组向上级单位报告,提出提升响应级别的建议,依据上级决定……

(××) 应急响应结束

(1) 火灾事件处置结束后,应急领导小组办公室向应急领导小组报告,……

(2)……

……

六、评估

公司对隧道处置工作进行总结,由技术人员组成的技术小组对现场进行评估。

参考文献

[1] 中华人民共和国交通运输部.公路隧道养护技术规范:JTG H12—2015[S].北京:人民交通出版社股份有限公司,2015.

[2] 中华人民共和国交通部.公路隧道设计规范:JTG D70—2004[S].北京:人民交通出版社,2004.

[3] 中华人民共和国交通运输部.公路隧道设计规范 第一册 土建工程:JTG 3370.1—2018[S].北京:人民交通出版社股份有限公司,2019.

[4] 中华人民共和国交通运输部.公路隧道设计规范 第二册 交通工程与附属设施:JTG D70/2—2014[S].北京:人民交通出版社股份有限公司,2014.

[5] 中华人民共和国交通运输部.公路隧道加固技术规范:JTG/T 5440—2018[S].北京:人民交通出版社股份有限公司,2019.

[6] 中华人民共和国交通运输部.公路养护安全作业规程:JTG H30—2015[S].北京:人民交通出版社股份有限公司,2015.

[7] 宫成兵,秦洲.公路隧道维修加固实例集[M].北京:人民交通出版社股份有限公司,2019.

[8] 中华人民共和国交通运输部.公路交通安全设施设计规范:JTG D81—2017[S].北京:人民交通出版社股份有限公司,2018.

[9] 中华人民共和国应急管理部.生产安全事故应急演练基本规范:AQ/T 9007—2019[S].北京:应急管理出版社,2019.

[10] 国家安全生产监督管理总局.生产安全事故应急演练评估规范:AQ/T 9009—2015[S].北京:煤炭工业出版社,2015.

[11] 王松波,王照健.公路隧道应急预案与应急演练实操指南[M].北京:人民交通出版社股份有限公司,2021.